南三陸町

屋上の円陣

防災対策庁舎からの無言の教訓

防災・危機管理アドバイザー
山村武彦　著

ぎょうせい

目　次

第1章　勇者たち

第2章　「奇跡のイレブン」それぞれの3・11

第3章 敵は「被害想定」にあり

Chap. 1

第 1 章
勇者たち

三陸・金華山沖から常磐沖にかけては世界三大漁場の一つである。魚の回廊とも呼ばれるこの海域は魚種、漁獲量とも群を抜いた超優良漁場として沿岸を潤してきた。

その恵みの海が突然牙を剥いた。海面が盛り上がり、海全体が一度に陸に水平移動したのである。今や南三陸町は防災対策庁舎の屋上と同じ高さの海になってしまった。県の被害想定の予想津波高は最大6・7ｍだった。なのに地上12ｍの屋上を濁流が流れている。写真は次の大波に備える人たちを捉えていた。屋上まで津波は来ないと信じていた人たち、そのひざ上まで今は冷たい海水が浸している。

もうこれ以上逃げ場はない。しかし、人々は泣き叫ぶでもなく、取り乱すでもなく。緊張と不安を浮かべながらも……静かに、だが決然と円陣を組み、さらなる脅威に備えようとしている。

表紙の写真は町職員で広報担当の加藤信雄氏が撮影し、震災1年目の２０１２年3月10日にＮＨＫが放送したものである。円陣を組むことを心理学では「サイキングアップ」と呼ぶ。肩を組み、声を出して一体感を高め、怯まず敵に立ち向かう団結効果があるとされている。（以下、生還者の話などから類推する。）

よく見ると円陣は2つあった。防災無線のポールの根元の床面より50㎝ほど高いコンクリート架台に上がり、ポールを中心に集まった上段の円陣。それに寄り添うように身を寄せ合っている下段の円陣。いずれの円陣も役所のジャンパーや防寒衣を着用した職員たちが外側を固め、内側の住民、女性、若者たちを次の大波から守ろうとしているようにみえる。円陣の内側に誰がいたのかは定かでないが、屋上にいた職員は皆、地震直後から町と住民を守るための職務を遂行してきた人たちである。

３階建ての屋上まで波が来ているということは、家族が自宅にいたら助からない。よほどの高台でなければのまれてしまう。次の大波を予感し背筋を凍らせながらも、我が子は？妻は？　夫は？　親兄弟は？　ぎりぎりまで近しい人を案じていたのではなかろうか。

本庁舎の赤い屋根がバリバリッと音を立てて二つに割れ、みるみる黒い水に押し流されていく。信じられない見たくない光景だった。本庁舎の反対側に総務課長のお宅がある。家の中には課長の奥さんがいるらしく女性職員たちが、

「だめぇー」

「せっちゃん！　せっちゃん！」

泣きながら悲鳴を上げている。課長のお宅の屋根がぐらりと揺らいだ。斜めに傾きゆっくり山の方に流されていく。みんながうらやむほど夫婦仲がよかった。その奥さんは愛犬２匹と２階にいるはずである。

課長は唇を噛んでフェンスから身を乗り出すようにしていた。誰も課長を見ることがで

きなかった。町長も「徳さん……」と言ったきり絶句する。

みんなあっという間の出来事で、すべてが悪夢だった。こんな理不尽なことがあっていいはずがない、何かの間違いか夢であってほしい。しかし、過酷な現実はまだ終わっていなかった。

津波はあとから来るほうが大きくなる。今度は自分たちが流されるかもしれない。しかし、逃げ場もなければ考える余裕もなかった。

「来るぞ！」

「手を離すな！」

誰かが叫ぶ。組んだ腕、つないだ手に力をこめて円陣を引き締める。

「波に背中を向けろ」

その直後だった。水の塊が押し寄せ、防災対策庁舎がのみ込まれた。突き出たポール2本を残し黒いうねりが防災対策庁舎を沈めた。ゴーっという音と共に強烈な水圧が波状的に襲ってきた。漂流物の浮き球、ロープ、木片などがぶつかる。

離れた高台からファインダー越しに見ていたカメラマンがいた。直後に見えたのはポールとそこにしがみついている人以外、重たげに幾重にも波打つ黒い水だけだった。屋上にいて助かったのはポールに登っていた2人と、階段上部の踊り場付近に流され鉄柵に押し付けられた町長を含む職員８人。屋上から流されながらも助かったのは、運よく水面に浮き上がり畳に乗って志津川病院に漂着した町民税務課の職員１人だけである。

防災対策庁舎（以下、防災庁舎）の屋上に避難した人は54人。そのうち43人が死亡または行方不明になっている。奇跡的に助かったのは11人。

円陣の写真を見て衝撃を受けた。そこには震災前に防災庁舎でお会いした阿部慶一危機管理課長の姿があった。阿部課長はヘルメットも被らず、みんなを抱きかかえているように見える。阿部課長の口癖は、

「住民たちの命を守ること、安全安心・まちづくりが自分の仕事」

だったという。奥さんの代子さんは、写真を見て、

「最後まで使命を全うしようとしていた主人は家族の誇り」

と気丈に振舞いつつ目頭を押さえた。

広い背中を見せながら両手を大きく広げ、体を張って住民や若い職員たちを守ろうとしているのが議会事務局長の熊谷良雄さん。奥さんのさよ子さんは、

「町と町民のために役立つことこそ男のロマン、いざという時は自分のことはあきらめてくれ」

と言っていた夫の言葉を今になって思い出すという。

周囲に目配りしながら外側から円陣を固めているのが、企画課まちづくり推進係長の高橋文禎《ふみよし》さん。自身も社協職員として高野会館で津波に襲われながら高齢者の避難誘導にあたった奥さんの吏佳さんは、

「パパは優しいだけでなく、地域でも頼りにされるほど責任感の強い人だった」

と涙をぬぐった。

きっと守り抜く。強い決意で女性、高齢者、若い職員たちを円陣の内側に入れ、自らも生死の瀬戸際にありながら、最後まで人間の尊厳と誇りを失っていない。初めて経験する大津波の恐怖、それでも毅然として円陣の手を緩めていない。

「未来ある若者や住民を死なせてなるものか」

「家族を残し、死んでたまるか」

励まし、かばいつつ、そして自分自身も懸命に生きようとしていた。その高潔な使命感、勇気と品格。彼らこそ真の勇者たちではなかろうか。

屋上にいた職員たちは皆、大津波警報が出ている中、最後まで非常配備についていた。彼らが水門や陸閘門《りっこうもん》を閉じ、避難を呼びかけ、誘導して多くの住民が救われている。

あの時、どんな思いでいたのだろうか、津波が来るまでどこにいて何をしていたのか、なぜ流されなければならなかったのか。なぜ11人だけ生き残れたのか。

遺族だったら当然抱く疑問であり、最も知りたい情報である。きっと、涙が枯れるまで泣きながら「なぜ」「どうして」と問い続けたに違いない。そして今も悲しみや疑問は消えていない。

私にできることがあるとすれば、50年間の現地調査経験を活かし、犠牲者や行方不明者の声なき声にもう一度耳を澄ませること。そして、助かった人たちやご遺族のお話などから状況を類推・考察すること。さらに、なぜこれだけの人たちが犠牲にならなければならなかったのか。同じ悲劇を繰り返さないための課題と教訓を微力であっても追究することだと思った。

東日本大震災で2万人を超える人たちが犠牲になってしまった。津波常襲地域だからこそ備えも訓練も万全だったはずなのに、なぜこれほどの人が亡くなってしまったのか。誠実に生きてきた人たちばかりである。指定された避難所や津波避難場所まで流されている。

何かが間違っている。防災庁舎は不条理な東日本大震災のシンボルであり、家族を思いつつ最後まで闘い続けた勇者たちの戦場であった。ただそれを美談で終わらせてはならない。ご本人やご遺族にしてみたら美談なんかではないはずである。彼らの思いを無駄にしてはならない、悲劇は繰り返してはならない。無念を晴らせ！　鉄骨だけの防災庁舎と円陣の写真が今も訴えかけている。

Chap. 2

第2章
「奇跡のイレブン」それぞれの3・11

地上12mの防災庁舎を15・5mの津波が襲った。もし、その屋上で生き残れたとしたら、それは奇跡としか言いようがない。屋上にいて助かった10人と屋上から流されて畳にすがって命を取り留めた1人を私は敬意をこめて「奇跡のイレブン」と呼ぶ。

震災当時、5362世帯、人口1万7666人の町で、死者行方不明者832人、半壊以上の建物損壊3321戸（世帯数の61・9％）という甚大な被害を出し、ピーク時には33の避難所に9753人（人口の55・2％）が避難せざるを得なかった南三陸町。震災直後から被災状況と町の復興推移を見守ってきた。

しかし、現地を回り調べれば調べるほど、東日本大震災はどの災害とも異なるきわめて特異な災害だと思った。大規模地震、大津波、そして原発事故というかつて人類が経験したことのない「広域複合大災害」である。

自他共に認めていた防災先進国というスタンスと被害の甚大さとのギャップはあまりにも乖離している。納得できる説明がなく、被災者や遺族の心を未だ癒せていない。「よその国が同じ災害に襲われたら、もっと被害は大きくなっていただろう」はなんの慰めにもならない。

震災後、政治家をはじめ防災関係者や原発事業者さえも「想定外」という言葉で現実を糊塗しようとした。「想定外の津波」「想定外の超巨大地震」「想定外の広域災害」「想定外の全電源喪失」などなど。そこで用いられる想定外という言葉の裏に「人知を超え、想定できなかった災害」であって「予見できない不可抗力」言外に「責任追及はタブー」としたい見え透いた思惑が見える。

結果事象から一般市民が想定外と言うのは当然であるが、専門家といわれる防災関係者や原発関係者までもが発すべき言葉ではない。彼らがいう想定外は、想定できることを想定しなかったものの言い訳にしか聞こえない。この災害をただ想定外と言って目をつむり片づけてしまったら、同じ悲劇がまた繰り返されてしまう。何かが間違っていたのである。もしかしたら防災先進国という過信からくる不作為の悲劇なのかもしれないのである（第３章「敵は『被害想定』にあり」169ページ参照）。

震災当日、防災庁舎でいったい何があったのか、長年にわたり津波に備えてきた町がなぜこれほど多くの犠牲者を出さなければならなかったのか。東日本大震災のシンボルとなった防災庁舎を通じ不条理な真実の一端を解き明かしたい。そのためにも防災庁舎にいて奇跡的に助かった11人の話を聞こうと思った。交渉した結果、体調を崩していたお一人を除き10人が快諾してくれた。応じてくださった方々に心より感謝しつつ、以下にそのインタビューをまとめてみた。

（役職及び年齢等は当時のもの）

Interview **1**

防災一筋42年
――危機管理課佐藤智氏の３・11

最初にインタビューに応じてくれたのは屋上のポールによじ登って助かった危機管理課係長兼住民安全係長の佐藤智《さとし》さん。智さんとは震災前にも防災庁舎でお会いしていたが、震災直後にベイサイドアリーナに陣中見舞いに伺った際も町長と一緒に対応してくださった。その後も折に触れご教示をいただいている方である。（南三陸町は佐藤、阿部、三浦、及川など同姓が多く、職員同士もみんな名前で呼び合っている。そこでこの項以降、混乱を避けるため極力姓を省き名前で呼ばせていただく。）

地震発生当日、防災庁舎にいた危機管理課職員４人のうち３人が犠牲になった。同課でただ一人助かった智さんに、その時何があったのかを聞いた。智さんが重い口を開いたのは定年退職した翌年、震災からちょうど５年目の２０１６年３月のことだった。

智さんの家は町の南東部に位置する戸倉《とぐら》地区にあった。戸倉地区は１９５５年入谷村と一緒に旧志津川町に合併するまでは本吉郡戸倉村（人口4356人）であった。戸倉村もその前は1875年に水沢県の村落統合によって折立村、水戸部村、滝ノ浜村、長清水浜村が合併統合されてできた村である。

震災前の南三陸町にはJR気仙沼線の駅が5つあったが、そのすべての駅が津波により被災している。とくに陸前戸倉駅は津波によって周辺施設が駅舎もろとも跡形もなく流失した。駅だけでなく戸倉保育所、戸倉小学校、戸倉公民館、自然環境活用センター、波伝谷地区漁業集落排水処理施設などの公共施設も甚大な被害を出している。

この戸倉地区は志津川湾の最深部に位置するため、湾内に押し寄せた波が収斂され（寄せ集まり）強いエネルギーを生じさせたのかもしれない。漁港をのみ込み、松林をなぎ倒し、コンクリートの防潮堤さえ破壊し、海岸線の道路も削り取られた。怒濤となって上陸した津波はさらに行き場を求めて道路や水戸部川、折立川など中小の見境なく、黒い濁流が河川という河川を一気に遡り地域の奥深く遡上し大小の谷や沢を席巻していった。その後引き波となってからも周辺を蹂躙し、川沿い集落などは破壊したがれきと共に洗いざらい外洋へさらっていった。

市街地の人たちは五十鈴神社や戸倉中学校に避難したが、海抜22mの高台にまで襲った波に巻き込まれた住民もいたという。当時戸倉地区の世帯数は680戸で、そのうち

523戸が罹災。実に76・9%の罹災率に上り、南三陸町の地区別で最悪の罹災率となっている。

智さんの自宅は海岸から約2㎞内陸の陸前戸倉駅に近い西戸地区だったので、自宅と共に身体の不自由な母親(74)が犠牲になっている。防災庁舎にいた智さんは、助けに行くことができなかったことに今も忸怩たる思いを拭えずにいる。痛ましい限りである。

戸倉地区には昔からの言い伝えがあり、江戸時代の慶長三陸地震(1611年12月2日・M8・1以上)でも津波が村々を襲い山の奥深く押し込んできたという。智さんも祖父などからよく聞かされたことを覚えている。

海岸から遠く離れた内陸の地名に、津波の痕跡が遺されていると教えられた。例えば「蛸沢《たこざわ》」とか「田子沢」(通称たこざ)と呼ばれている沢は、大昔に志津川湾の蛸が津波で流されてきて名付けられたものだとか、津波で甚大被害を出した沢を「大害沢《たがいざわ》」と呼ぶこと、舟が内陸奥深く流されてきた「舟沢《ふなざわ》」などなど。内陸には似つかない名前が残っていた。

「そうやって、昔の人は海が見えないところまで押し寄せる津波の恐ろしさを孫子の代まで伝えようと地名に託してきたのではないか」

と智さんはいう。それでも世代が代わって何代か経ると、海から離れた地域の人たちは津波への関心が低下する。今回の震災でも、海岸近くの人たちは比較的早く高台に避難したが、海の見えない内陸地域の人たちは避難が遅れて多くが犠牲になっている。どれほど恐ろしい災害の教訓でも伝承し続けることの難しさを垣間見る思いがした。

智さんは１９６６年高校卒業と共に気仙沼・本吉地域広域行政組合消防本部・志津川消防署に奉職。その後約20年間消防署員として勤務した後、志津川町職員に身分移管し消防団・防災などを担当する総務課に配属される。２００５年に志津川町と歌津町が合併して南三陸町になった後、危機管理課係長となり東日本大震災で九死に一生を得、緊急対応、復旧・復興活動に貢献する。地域防災一筋に42年間勤め上げての定年退職であった。

合併前から「災害に強いまちづくり」を推進し、合併後も町の防災力向上の先頭に立ってきた。にもかかわらず、震災で多くの住民と仲間の犠牲者を出してしまった。その上、母親さえ守り切れず自分だけ生き残った。震災後、智さんは自責の念に苛まれる毎日だったという。

「いっそ、あの時、屋上で死んでいたほうがどれほど楽だったか」

と何度も思ったそうだ。

私が初めて智さんと出会ったのは、震災前の２００９年12月である。翌年の5月24日がチリ地震津波50周年だったこともあって、その前から岩手、宮城などの講演に招かれていた。その合間にチリ地震津波の遺跡や体験者を訪ねて三陸浜街道を回っていた。１９６０

2009年12月・震災前の防災庁舎
／撮影：山村武彦

年、遠く南米チリで発生した地震津波にもかかわらず日本で119人もの犠牲者を出した。そのうち41人という、県内で最も多く犠牲者を出した南三陸町には以前からも何度か訪れていた。

当時、町にとって直近の大災害はこのチリ地震津波だった。毎年5月24日には必ず防災訓練を行ってきたことからも推測できる。震災の2年前、私は南三陸町役場に隣接する防災庁舎（写真）の2階にあった危機管理課を表敬訪問した。そこで職員たちと1時間ほど懇談したのがきっかけである。

講演を聴いたことがあるという阿部慶一課長を始め、皆さん私のことはよく見知っていて真摯な態度で耳を傾けてくれた。智さんの話ではその時危機管理課にいたのは阿部課長、三浦毅課長補佐、智さん、お茶を淹れてくれた遠藤未希さんの4人だったという。

魚はうまいし素朴で温かい人情味あふれる人たち、気疲れしないほっこりした南三陸町が好きだった。しかし町で一つだけ気になっていたことがある。それはチリ地震津波の到達水位を示す標識が町中に立っていたことである。志津川駅前に１・９ｍの標識、チリ地震津波記念公園（松原公園）内には２・６ｍ、公立志津川病院前は２・８ｍ、防災庁舎の前にも２・４ｍの標識が立っていた。危機管理課で、

「津波対策で何かアドバイスがあれば……」

と促され、私はそのことを話した。

「町中いたるところにあるチリ地震津波の水位標識は、モニュメントとしていくつかを残し、ほかはできるだけ早く撤去すべきではないか。注意喚起としては役立つだろうが、あれほどたくさん津波標識があると、住民は知らず知らずに標識の津波高さにとらわれてしまい、避難のタイミングや避難場所の判断を誤る心配がある。なぜならば次の津波がチリ地震と同じ津波高さとは限らないのだから」

と。それは防災心理学でいうところの「アンカリング」を懸念したからである。錨（アンカー）を下ろすと船は安定する。その反面、船と錨を結ぶ鎖の長さ分

震災前・2009年12月
防災庁舎の標識／撮影：山村武彦
1960年チリ地震津波・到達水位2.4ｍ

だけしか考えや行動の自由度を失ってしまう。アンカリングは認知心理バイアスの一種、バイアスとは思い込みや偏見のこと。根拠の是非にかかわらず、初めに認知した数値（アンカー）にとらわれて、その後の数値判断を危うくする心理的傾向のことである。

地震発生時に津波に警戒したとしても、毎日目にする過去の津波高さが知らず知らずに刷り込まれていく。するとそれがアンカー（錨）となって、無意識にその高さ以上に避難すればいいだろうと判断を鈍らせ、避難行動を誤る危険があるのではと話した。心理バイアス視点の考え方は初めてだと職員たちは強い関心を示していた。

しかし、今から思えばそんな一般論より職員たちの避難マニュアルについて質すなど、もっと実践的なことを話すべきだった。それに防災庁舎の2階が対策本部になり職員の避難場所がその屋上になるとは思ってもいなかった。標識に限らず、それまで南三陸町の津波対策はチリ地震津波を基にしてきた。海岸線の堤防はチリ地震を基準にして5・5mとなっていた。

しかし実際の津波は断層の位置、食い違い量、向き、壊れ方、海底の地形、湾の形状などによっては想定の2倍以上になることも珍しくない。北海道南西沖地震のことをもっときちんと伝えておくべきだった。それに、地震学や津波研究が飛躍的に進化しているというものの、予測技術の精度はさほど高くなく、被害想定や津波想定はその誤差を含めて考える必要があるということを伝えなかった。今更ながら悔やまれてならない。

震災後1週間目、南三陸町に入った。1年前、危機管理課で話し込んだ防災庁舎を見て息を飲んだ。事前に映像で見ていたし覚悟していたつもりだったが、漁網・ロープ・浮き玉などの漂流物が幾重にもからまり垂れ下がり、その下にむきだしの赤い鉄骨だけの無残な姿（写真）。傍若無人の津波が人間の無力さをあざ笑うかに見え怒りさえ覚えた。犠牲者のご冥福を祈り、ただひたすら手を合わせるしかなかった。防災庁舎の前のチリ地震津波到達水位の標識は倒され泥にまみれていた。

あれから5年、智さんは震災時よりも幾分太ったように見えた。42年間の重責から解放されたからか口調も吹っ切れたように感じた。

2011年3月17日・震災後の防災庁舎
／撮影：山村武彦

震災直後・2011年3月　防災庁舎の標識
／撮影：山村武彦

(1) ついにアイツがやってきた！

２０１１年３月11日（金）、智さんは防災庁舎２階で執務中だった。当時の危機管理課は阿部慶一課長、三浦毅課長補佐、佐藤智係長、遠藤未希さん、三浦卓也さんの５人体制だった。当日は定例議会の最終日で、阿部課長は本庁舎の議場に行っていた。また、若手の三浦卓也さんは、数日前から身内の不幸による忌引き休暇中だった。つまり地震発生時、防災庁舎２階の危機管理課にいた職員は、毅さん、智さん、未希さんの３人だった。ただ、その日は防災行政無線の点検調整のため、午後から業者も２人きていて危機管理室にも頻繁に出入りしていた。（業者のうち1人は屋上で犠牲になる。）

午後2時46分過ぎ、小さな揺れを感じる。最初は「また余震？」と思った。このところ地震が続いていたからである。２日前の３月９日午前11時45分、牡鹿半島の東、約１６０km、深さ８kmを震源とするＭ７・３（速報Ｍ７・２）の地震があった。その時の最大震度は栗原市などで震度５弱、南三陸町は震度４だった。３分後に津波注意報が発表されたため、危機管理課は三浦毅課長補佐が中心となって防災行政無線を作動させ、

「津波注意報が発表されました。海岸付近から離れてください。津波に注意してください」と録音コメントの機械放送で対応した。観測された最大津波高は大船渡で55cm程度と被害は軽微だった。南三陸町も被害はなかったが、12分後のＭ６・３をはじめその後余震が頻発する。

震度1以上の余震が9日だけで19回。翌10日に13回も発生している。震災当日の3月11日も午前1時55分、6時50分、7時44分にそれぞれ震度1か2の地震が発生していた。震源が浅かったにしても、海域の地震でこれほど余震が頻発するのは少し異常だった。

この2日前の地震について、河北新報は翌日の朝刊に専門家の意見を載せた。見出しは「三陸沖M7・3、宮城県沖地震『連動型』の危険性は低下か」となっていた。記事によると、

―3月9日、三陸沖を震源とした宮城県北部で震度5弱を観測する地震が発生。東北大学地震・噴火予知研究観測センターの某教授はこの地震について、「予想される宮城県沖地震と直接の関連はないが、宮城県沖地震で複数の断層面が同時に滑る、『連動型』の危険性が下がった」との見解を示した―

と書かれていた。

当時恐れられていた最悪の地震は、この「連動型」である。宮城県沖（牡鹿半島沿岸から その東方）と、さらに東側の震源域とが連動して地震が発生すると宮城県沖地震が単独発生よりひとまわり大きな地震となり、M7・8〜8・2程度の巨大地震になると想定されていた。それを44万部発行の有力紙が連動型発生の危険性は低下と報じたのである。智さんもその記事を見たが、専門家の意見は一つの見方であってそのまま信じるわけにはいかないと思っていた。

震災後に振り返れば、その記事は誤認というかエキスパートエラーだった。結果的にその地震が東日本大震災の前震だったのである。起きた地震が自ら「私は前震です」と名乗ってくれない以上、発生した地震の後に本震がくる可能性も視野に入れておかなければならないという教訓を残した。

午後2時46分、小さな揺れと同時にJアラート（全国瞬時警報システム）の警報音が鳴り「緊急地震速報（警報）です」の音声が流れる。その数秒〜10秒後ぐらいに防災庁舎は猛烈な揺れに襲われた。気象庁などの資料では地震波検知後8・6秒後に緊急地震速報（警報）発表、南三陸町にS波（大揺れ）が到達したのが緊急地震速報から約10秒後とされている。

緊急地震速報は携帯電話にも届くはずだが、智さんはじめほとんどの職員がよく覚えていないという。小さな揺れの後いきなり大揺れが来たという人も多い。（衝撃的災害を経験すると、その前後の記憶が飛んでしまうこともある。）

2日前の震度4の揺れとは全く異なる激しい揺れだった。経験したことのない地響きと轟音を伴っていた、鉄骨の建物がぎしぎしと鳴り、窓ガラスは割れなかったが、揺れに合わせてガタガタ、バタンバタンと何かがぶつかる音がする。天井からポールで下げてあるテレビが大きく揺れている。並べてあった机がずれ動き、引き出しが飛び出し、書類などが落下散乱する。智さんにとって周囲で起きていることが緩慢な動きに見え、すべてスローモーションのようだった。

以前「交通事故の瞬間、周囲の風景がスローモーションに見えることがある。それは危険を感じた時に危機回避機能が本能的に働きだし、その瞬間だけ視覚の処理能力が通常よりも数倍高まることによって、周囲がゆっくり動いているように見える」と聞いたことを思い出す。

危機回避機能が働いているのか、時間がゆっくり流れているように見える。不思議なほど冷静な一方で、何でもいいから早く収まってほしいと願っている自分がいた。什器備品は転倒防止対策がしてあるので倒れなかったが、智さんは、

「ついにアイツがやってきた」

と胸の奥で叫んでいた。

アイツとは、宮城県第三次地震被害想定の宮城県沖地震のことである。この被害想定が発表されたのは志津川町と歌津町が合併する前年だったため、両町にはそれぞれ別々の数値が出されていた。

宮城県沖地震（連動）が発生した場合、両町とも震度６弱の揺れが想定され、歌津町への津波到達想定時間は地震発生後23・９分、想定される津波の最高水位６・９ｍ。志津川町は25・４分後に６・７ｍの津波となっていた。防災庁舎の地震計は「震度６弱」を表示していた。ついに想定通り震度６弱のアイツがやってきたのだ。ということは25分後に、

6～7mの津波がやって来る。智さんは武者震いした。

(2) 6mの津波が10分後に

防災庁舎3階には停電に備えてディーゼルエンジン付き自家発電設備が設置されていた。自家発電設備は停電を自動感知し自動起動する仕組みである。しかし、発電機のエンジンがフル回転になって電圧・電流が安定するまで数分かかる。その間の停電を防ぐためAVR（自動電圧調整器）とUPS（無停電電源装置）が併設されていたため、防災庁舎の照明は切れることなく点灯していた。上階からディーゼルエンジンの鈍い振動が伝わってくる。

「よし、自家発電は大丈夫だ」

南三陸町は震災前から「情報化推進計画」を基に防災行政無線のデジタル高度化が進められ、すでに2010年12月20日には完工していた。そして震災の年の1月から試験運用が開始されていた。しかし、2日前の地震発生時、一部地域で放送されない問題が発生し、業者が午後から調整に来ていた。それが完了した時点で地震が発生したのである。間一髪だった。Jアラートも正常作動し「宮城県沖を震源とするM7・9、念のため津波に注意」と伝えてきた。速報値はM7・9だった。（気象庁の発表値の推移、午後2時49分速報値7・9、16時暫定値8・4、午後5時30分M8・8、3月13日にM9・0に訂正）

最初Ｍ７・９と聞いて、想定より０・２大きいが誤差の範囲内だろう。いずれにしても津波が来ると思った。志津川湾にはワカメ、ホヤ、ホタテ、カキ、ウニ、ギンザケなどの養殖いかだが無数に点在し、小舟での磯作業や、港や浜辺で網繕いをしている人たちもいる。そして、海岸に面した低地に市場、水産加工場、商店、住宅が密集している。津波が来れば人的被害だけでなく水産関係の甚大被害に直結する。

智さんは危機管理係長と住民安全係長を兼務していたので、日常的に地域に出かけ指導を繰り返していた。揺れている最中は身の安全を図り、火を消せたら消してほしい。揺れが収まったら津波が来るから一目散に高台へ避難するよう説いてまわってきた。とくに、自力避難が困難な身体の不自由な人、高齢者、乳幼児、妊産婦などの災害時要配慮者は避難に時間がかかる。自主防災組織や向こう三軒両隣で助け合ってほしい。

災害時要配慮者の避難を助けるため、折り畳みリヤカーが海岸付近に設置されていた。毎年５月24日の訓練ではそのリヤカーを使って避難訓練もしていたが、本番で活用されるだろうか。健常者の車避難は控えるように言っておいたが、果たして徒歩で避難してくれるだろうか。

「この日のために繰り返し訓練してきたのだ」

「自分たちの対応が住民の生死を分ける」

「何としても住民の命を守らなくては」

と揺れに翻弄されながら、取り留めもないことが断片的に脳裏をよぎる。

２日前の津波注意報は地震の３分後だった。今回は注意報でなく間違いなく津波警報が出る。想定通りなら大津波警報のはずである。もし震源が近ければ津波はすぐに襲ってくる。避難の呼びかけは1秒を争う。

「警報を待っていられない」

智さんはそう判断した。いったん収まったかに見えたがさらに揺れがきた。毅さんを見た。

「宮城県沖地震だ」

「大津波警報が出る」

同じことを考えていたようで毅さんは大きくうなずき、

「すぐに放送を始めよう」

と打てば響くように応じた。そして、

「未希ちゃん手動でいこう」

防災行政無線の責任者は毅さんである。声を掛けると未希さんは気合のこもった声で、

「了解」

と応じた。未希さんは危機管理課の紅一点だが頼りになる戦力だった。小学生の頃から剣

道を学び、中学3年になると部長として女子部をまとめていた。長年剣道に打ち込んできただけに、初めての大揺れにも動じることなく動きも俊敏である。揺れがまだ収まらない中、部屋の隅に透明の防音扉で仕切られた放送室に毅さんと前後して飛び込んで行った。

「放送機材異常なし」

毅さんの声が聞こえた。そして、揺れが収まるとサイレンを鳴らし、未希さんの声で避難の呼びかけが始まった。住民の命がかかっている。

「頼むぞ」

智さんは心の中でつぶやく。

地震発生3分後、案の定Jアラートが大津波警報を伝えた。気象庁は午後2時49分「M7・9、岩手、宮城、福島の太平洋沿岸に大津波警報」を発表。大津波警報ということは3m以上の津波が来ることを意味する。さらにその1分後の午後2時50分、予想津波高さを「岩手県3m、宮城県6m、福島県3m、宮城県の津波到達予想時刻午後3時」と発表した。

智さんにとって6mの津波は想定内だった。しかし、発表された到達予想時間は14分後と、想定（25・4分後）より10分も早く津波がやってくる。あと10分しかなかった。第一波はさほど高くないというものの時間が早まっている。町長、副町長、管理職たちが続々と防災庁舎に入り危機管理課が災害対策本部となった。

災害時の緊急配備態勢は「0号」から「3号」まで重大性に応じ定められていた。0号は自宅待機、津波警報（1～3mの津波）で1号から2号の緊急配備、大津波警報（3m以上の津波）が発表された場合は自動的に最大級の警戒態勢で3号配備となる。就業時間内の3号配備であれば、総務課、企画課、危機管理課の全職員と本庁にいるすべての管理職員が災害対策本部に集結する。人数は40人近くになっていた。

「訓練通り、落ち着いて緊急配備に就け。住民の避難誘導を徹底せよ」

「余震に注意、情報を収集し報告せよ」

副町長と町長の声が響く。

大津波警報が発表された場合、町は津波浸水想定区域に避難指示を発令する決まりである。課長を通じ災害対策本部長に進言し、直ちに「避難指示発令」となる。その頃には固定電話も携帯もかかりにくくなっていた。もっと情報がほしい。しかし、地震で壊れたのかテレビは受信不能だった。

本庁舎1階の総務課にある県の防災系ファックスが入ればすぐに届くはずだったがまだ来ていない。情報処理室からサーバー損壊、光回線不通、町内3か所に設置されている情報カメラも受信不能の報告が入る。

となるとインターネットでの情報収集や拠点とのメール受発信ができない。防災メールやホームページでの発信もできない。こうなったら毅さんと未希さんの防災無線が頼りである。

(3)　防災無線と「天使の声」

放送室では毅さんがサイレンを吹鳴させ、未希さんにキューを出す。東日本大震災第一報の放送開始である。街中のスピーカから未希さんの落ち着いた声が流れ始める。

「～震度6弱の地震が発生しました。津波が予想されますので、高台に避難してください～」

それから約30分間防災無線の放送が続くことになる。毅さんが走り書きするメモを未希さんがしっかりと読み上げていく。それは後に天使の声といわれるにふさわしい澄んだ美しい声だった。南三陸町は全戸に戸別受信機を設置していた。未希さんの声は屋外スピーカだけでなく、各家庭にも届いているはずである。

朝のうち晴れていた空が午後から雲が広がり、地震発生時の気温は2・8℃と寒かった。長い大揺れで浮足立った住民たちを落ち着かせるように、静かに確実に街の隅々まで未希さんの声が沁みわたる。

智さんは放送室のドアを開け、毅さんに「大津波警報」のメモを渡す。それを受けてすぐに放送が変更される。

「ただいま大津波警報が発表されました。すぐに高台に避難してください」

未希さんの声だ。大津波警報は3ｍ以上の津波が予測される時に発表される。さらに「午後2時50分気象庁発表、津波情報第1号、宮城県沿岸に大津波警報、津波到達予想時刻午後3時00分、予想される津波の高さ最大6ｍ」の報に町長、副町長など本部要員は緊張した面持ちで、

「よし、宮城県沖地震の本番だ」

緊張の中でも想定通りだったことに安堵した空気が流れる。「最大6ｍの津波」毅さんにメモを渡す。毅さんが、

「最大6ｍを入れて」

というと、一瞬沈黙した防災無線がすぐに態勢を立て直したように、

「～最大6メートルの津波が予想されます。直ちに高台に避難してください～」

と未希さんが「直ちに」とか「急いで」などと付け加え、臨機応変に対応していく。

1分1秒が住民の生死を左右する。智さんは次々に入る情報をメモしている暇もなく、口頭で伝えるようになっていく。時間が刻々と過ぎていく。あと数分で第一波がやってくる。

「用が済んだ者は上に上がれ」

副町長の指示で多くの職員たちが階段を登っていく。消防副署長もやってきて、消防無線情報が入るようになった。午後3時4分「警戒広報隊より、戸倉海岸で引き波確認」の

報告が入る。ついに来たか、智さんは自宅のある戸倉の情報に一瞬緊張した。ただ、想定通り６ｍの津波ならさほど大きな被害にはならないと思った。そのうち、海岸付近から戻った職員からも

「潮が引いている」

という情報がもたらされる。智さんは放送室に、

「潮が引いている」

と伝える。すかさず、

「〜ただいま、海面に変化がみられます。津波の恐れがあります。急いで高台に避難してください〜」

さらに、

「〜異常な潮の引き方です、逃げてください。６ｍの大津波警報が発表されました。早く、早く高台に避難してください〜」

この頃から未希さんの声に切迫感と悲壮感が漂い始める。

「早く高台に避難してください」

死なないで、早く逃げて！　叫びだしたい気持ちを抑えるように未希さんは懸命にそして冷静に訴えていた。その中には磯仕事や浜作業もあるお母さん、お父さんへの呼びかけ

も入っている。

「早く逃げて」

未希さんの声は続く。

「八幡川の底が見えている」

出先から駆けつけてきた職員が報告。防災庁舎前の八幡川の水が引いたということは大津波が来る前兆である。防災庁舎の窓からも八幡川は見える。覗くと、もともとこの季節は水量の少ない川だが、すでに底が見えている。本当に6mの津波が来るのかもしれない。

防災庁舎内にいた職員たちも、最初は半信半疑だったが、潮が引いていると聞いた途端緊張感が走る。

「一部道路渋滞発生」

その間にも職員たちからの連絡が入る。町長には、

「○○学校に避難所開設完了」

「○○地区の全戸避難確認」

「○○水門閉鎖、完了しました」

「○号陸閘《りっこう》閉鎖」

など次から次へと報告が入る。水門や陸閘閉鎖が報告されると壁の表示板に赤いランプが

増えていく。智さんは女性たちが残っているのを見て、とっさに、

「女の人たちはもうここにいなくていいから、早く逃げてけろ！」

と怒鳴った。その言葉に反応した女性4人が部屋から出て行った。みんな家庭を持った人たちだった。室内には若い女性職員もいたが、

「怖い、怖い」

と言いながら腰が抜けたように座り込んだままの人もいた。すぐに行動を起こしたのはベテランの女性職員4人だけだった。智さんは自分から「逃げてけろ」と言ったあとで、もし車が渋滞していたら高台まで逃げ切れないかもしれないと心配したが、その時はもう渋滞はなかったという。（ずいぶん後になってその時避難した女性たちに「あの時、智さんが言ってくれたので、軽自動車に乗り合わせて高台へ避難できた」「私たちの命の恩人」などと感謝されることになる。）

同じ声で放送を続ければ緊迫感に欠けるかもしれないと、毅さんは未希さんと交代でマイクを握った。それは未希さんの疲労も考えての思い遣りであった。その時、駆け上がってきた職員が息を弾ませながら、

「津波が来ている、堤防を越えそうだ」

と叫んだ。南三陸町を流れる河川の水門や河口付近に防潮水門監視装置が取り付けてあ

る。南三陸消防署には自家発電設備があり、停電してもリアルタイム映像を消防署でモニターできていた。その消防から、

「今、津波が堤防を越えている」

という無線が入った。すでに津波が襲ってきていることは間違いなかった。問題はどのくらいの高さかである。対策本部の緊張はピークに達した。その直後、

「水門監視モニター、ブラックアウト！」

という無線が続く。八幡川などには水門監視装置として９つのカメラが設置されていた。そのモニターがブラックアウトというのは監視カメラか装置が津波にやられたことを意味する。

「まさか」

とみんな思った。その直後、

「閉鎖中の八幡川水門を津波が突破」

悲鳴のような声である。

「エーッ！」

あちこちで驚きとうめき声が聞こえる。もうあの八幡川を津波が遡っている。

「大津波が押し寄せている」

「どうすりゃいいんだ」

怒鳴り声が聞こえる。まるで戦場のようだった。その間も、

「消防車両を高台に移送します」

という報告も入ってくる。

室内が騒然とする中で、放送室の未希さんと毅さんは刻々と変化する状況に臨機応変に内容を変え、見事なアドリブで伝えていた。

「～ただいま津波が襲来しています、高台に避難してください～」

「～海岸付近には絶対に近づかないでください～」

「～ただいま、津波が押し寄せています。絶対に近づかないでください～」

「～津波が襲来しています、早く高台に避難してください～」

未希さんと毅さんの声が切々と流れ、避難する人たちの背中を懸命に押していた。

「あの放送を聞いたから、避難できた」

という人も多い。約62回の放送のうち18回が毅さんの声といわれている。

「男性の声を聞いて、こりゃぁ本当に大変なんだ、本当に津波が来るんだと実感した」

と、そこではじめて避難行動を起こした人もいた。

町長たちが屋上に上がってすぐ、地震発生から28分後の午後3時14分、気象庁は津波予報を「宮城県沿岸で予想される津波高さ、最大10ｍ」に変更する。

「最大津波10ｍ！」
という声が響くと残っていた職員から一斉に、
「えーっ」
という声が上がった。10ｍと訂正された瞬間、智さんは愕然とする。県の被害想定で最大津波6・7ｍを基準に、これまで津波避難場所を設定し訓練してきた。被害想定に裏切られたと思った。

智さんの家がある戸倉地区は、湾の奥に位置するため津波はさらに高くなるかもしれない。10ｍなら自宅が流されるかもしれないと思った。智さんは奥さんを病気で亡くしていて、息子たちは東京暮らしなので心配はない。

心配なのは自宅にいる足腰の不自由な74歳の母親であった。津波が来ると言われても自力で逃げることはできないだろう。近所の人たちも昼間は高齢者ばかりである。母親のことを思うと居ても立ってもいられない気がした。

しかし、自分は危機管理課のしかも住民安全係長である。今は家族のことを考えている暇はない。自分に言い聞かせた。まずは住民と職員の命だ。もし、10ｍの津波が来ても防災庁舎の屋上は12ｍあるから屋上に上がれば大丈夫だ。その頃放送室のドアは開け放たれていたので声は毅さんと未希さんにも届いていた。

智さんの「10mの津波」という声を防災無線のマイクが拾っていた。それを聞いたからか、放送は言葉が詰まったように一瞬沈黙する。末希さんは10mの津波という言葉の重大さに絶句し、打ちのめされたのかもしれない。

彼女はその時、どんな思いであったのだろうか。前年に婚約し、秋には結婚式を挙げる予定だった。きっと婚約者や家族のことを思い浮かべたのかもしれない。使命感を確認するようにほんのわずかためらった後、

「〜最大10mの津波が予想されます」

それまでよりあきらかに声のトーンが上がっている。

「早く、早く高台に逃げてください！」

それは祈りになっていた。

午後3時18分、

「消防警戒隊からの報告、海岸に押し波確認」

副署長が叫ぶ。

「八幡川を津波が逆流している」

ついに押し寄せてきた。

「海岸に津波襲来！」

それ以降防災無線は、

「～ただいま宮城県内に10ｍ以上の津波が押し寄せています。高台へ避難してください～」

未希さんの悲痛な声が響き渡る。哀しいまでに透き通る声、

「お願いだから早く、早く避難してー　みんな死なないでー　一人も死なないでー」

と叫んでいるようでもあった。「10ｍ以上の津波」という文言の入った放送は62回のうち最後の４回だけであった。最後の放送は未希さんの声で、

「～10ｍ以上の津波が押し寄せて」

まだ続けようとするのを遮るように毅さんか智さんの、

「上がっぺ、未希ちゃん、上がっぺ」

という声が被って放送は終わっている。

10ｍと聞いたあと副町長は、すぐに、

「みんな上がってけろ」

と叫んだ。そして、３時20分頃にはほとんどの職員が屋上に上がった。

「上がっぺ」

と自分に言い聞かすように智さんも階段を上った。その時、副町長が残っていたような気がする。未希さんと毅さんの放送を聞いた住民たちは、

「あの放送があったから避難した」

という人が多く、二人の声がたくさんの命を救ったのである。その「命の恩人」二人が行方不明となったことを知った人たちは涙を流しながら無事を祈っていた。

震災後、「最後まで避難を呼びかけていた女性」として未希さんのことが報道された。そして埼玉県は独自に「天使の声」の物語を作成し、２０１２年４月から埼玉県の公立学校で道徳の教材として小中高１２５０校で使われることになる。次にその全文を紹介する。

◇「天使の声」

―誰にも気さくに接し、職場の仲間からは「未希さん」と慕われていた遠藤未希さん。その名には、未来に希望をもって生きてほしいと親の願いが込められていた。未希さんは、地元で就職を望む両親の思いをくみ、４年前に今の職場に就いた。９月には結婚式を挙げる予定であった。

突然、ドドーンという地響きとともに庁舎の天井が右に左に大きく揺れ始め、棚の書類が一斉に落ちた。「地震だ！」誰もが飛ばされまいと必死に机にしがみついた。かつて誰も経験したことのない強い揺れであった。未希さんは、「すぐ放送を」と思った。はやる気持ちを抑え、未希さんは２階にある放送室に駆け込んだ。防災対策庁舎の危機管理課で防災無線を担当していた。「大津波警報が発令されました。町民の皆さんは早く、早く高台に避難してください」。未希さんは、同僚の三浦さんと交代しながら祈る思いで放送をし続けた。

地震が発生して20分、すでに屋上には30人ほどの職員が上がっていた。すると突然かん高い声がした。「潮が引き始めたぞぉー」

午後3時15分、屋上から「津波が来たぞぉー」という叫び声が聞こえた。未希さんは両手でマイクを握りしめて立ち上がった。そして、必死の思いで言い続けた。「大きい津波がきています。早く、早く、早く高台に逃げてください。早く高台に逃げてください」。重なり合う2人の声が絶叫の声と変わっていた。津波はみるみるうちに黒くその姿を変え、グウォーンと不気味な音を立てながら、すさまじい勢いで防潮水門を軽々越えてきた。容赦なく町をのみ込んでいく。信じられない光景であった。

未希さんをはじめ、職員は一斉に席を立ち、屋上に続く外階段を駆け上がった。その時、「きたぞぉー、絶対に手を離すな」という野太い声が聞こえてきた。津波は、庁舎の屋上をも一気に襲いかかってきた。それは一瞬の出来事であった。

「おーい、大丈夫かぁー」「あぁー、あー…」。力のない声が聞こえた。30人ほどいた職員の数は、わずか10人であった。しかしそこに未希さんの姿は消えていた。それを伝え知った母親の美恵子さんは、いつ娘が帰ってきてもいいようにと未希さんの部屋を片づけ、待ち続けていた。未希さんの遺体が見つかったのは、それから43日目の４月23日のことであった。

町民約１万７７００人のうち、半数近くが避難して命拾いをした。５月４日、しめやかに葬儀が行われた。会場に駆けつけた町民は口々に「あの時の女性の声で無我夢中で高台に逃げた。あの放送がなければ今ごろは自分は生きていなかっただろう」と、涙を流しながら写真に手を合わせた。

変わり果てた娘を前に両親は、無念さを押し殺しながら「生きていてほしかった。本当にご苦労様。ありがとう」とつぶやいた。出棺の時、雨も降っていないのに、西の空にひとすじの虹が出た。未希さんの声は「天使の声」として町民の心に深く刻まれている。―

⑷　エヴァンゲリオン「残酷な天使のテーゼ」

水平線から太陽が顔を出すと、海面に薄紅色の光をまぶしたベールがたなびき、異次元の世界が出現する。いつ見ても感動的な瞬間《とき》である。染め上げられた志津川湾に浮かび上がる養殖いかだを縫って朝靄の中を小舟が行き交う。そんな南三陸町の朝が好きである。

震災から2年目、再開した魚市場に行ってみようと早起きしてホテルを出た。その時、防災無線のチャイムが鳴った。流れていたのは新世紀エヴァンゲリオンのオープニングテーマ『残酷な天使のテーゼ』だった。「でもアニメのテーマがなぜ？」とちょっと驚いた。さっそく智さんに聞いてみると、

「あれは、震災前に決まっていた曲で、防災無線の担当だった毅さんが練りに練って企画し、作曲家の了解を得たもの。震災後も毅さんの思いを継ごうとそのままのかたちで流している」

という。私が毅さんに会ったのは東日本大震災の2年前で、前述したように防災庁舎2階の危機管理課で阿部課長、智さん、未希さんも一緒だった。阿部課長は温厚で優しい感じの人だった。毅さんは分厚いがっちりした体格が印象的で私の話に強い関心を示していた。智さんは現場たたき上げの消防防災・危機管理専

南三陸町の朝

門職としての自信を感じさせる人だった。お茶を出してくれた未希さんはふっくらした頬の素敵なお嬢さんだったという印象がある。

毅さんのことはずっと気にかかっていた。震災直後、メディアが多数報道したこともあり未希さんだけがクローズアップされていたからである。たしかに多くの町民が未希さんの声に促されて避難できたと感謝している。殉職した未希さんの功績は極めて大きい。ただ、

「最後にマイクを握っていたのは毅さんだったのでは」

という話や、町の人たちの、

「放送は女性だけでなく男性の声もあった」

という話を聞いていたからだ。いずれにしても毅さんと未希さんが二人で放送していたことは間違いない。未希さんのご遺体は発見されたが、毅さんはいまだ行方不明のままである。

その毅さんが震災前になぜエヴァンゲリオンのオープニングテーマを選んだのか。毅さんの奥さんひろみさんに聞くことにした。ひろみさんは震災から5年を過ぎてなお、毅さんの面影と消息を求め週に1～2回は防災庁舎を訪れているという。震災前に防災庁舎で毅さんと会ったことを話し、まずはチャイムの話を聞いた。

毅さんは1994年頃に流行った漫画雑誌で『新世紀エヴァンゲリオン』の連載を読んでいたらしい。その翌年にかけテレビで同名のSFアニメが放映されるようになる。

主なストーリーをざっくりいうと「セカンドインパクト」という大災害（隕石衝突、洪水、津波、海水面上昇、噴火、地殻変動など）で世界の人口の半数が失われる。それがきっかけとなって武力衝突などの紛争が世界中に広がっていく。そして架空都市「第3新東京市」を次々に襲う敵と戦う主人公（シンジ）を軸にして物語が展開する。絶望、苦悩、家族愛、友情だけでなく「自分の居場所」「生きる勇気」など、人生に対する深い示唆に富んだ物語でもあった。

放送当初は視聴率が低迷するが、放送終了後にユニークなストーリーが賛否両論の議論を巻き起こす。その後は『宇宙戦艦ヤマト』や『機動戦士ガンダム』と並び、爆発的アニメブームのきっかけとなった作品として評価されていく。

このテレビアニメのオープニングテーマが『残酷な天使のテーゼ』である。この曲は歌手高橋洋子さんの11枚目のシングルとして発売され、50万枚以上売り上げるヒット曲となった。作曲はひろみさんのいとこで毅さんとも親しかった歌津出身の作曲家佐藤英敏さん。

エヴァンゲリオンの放映が始まった1995年は、「セカンドインパクト」を思わせるような阪神・淡路大震災や地下鉄サリン事件が発生し、社会を震撼させていた時期である。毅さんには、大地震やサリン事件がエヴァンゲリオンと重なって見えていたのかもしれない。

2005年に歌津と志津川が合併し南三陸町となり、防災・危機管理の専門部署として防災庁舎に危機管理課が新設される。その課長補佐に任じられた毅さんは、地域防災計画策定に携わるとともに防災行政無線システム・新デジタル化の担当者でもあった。防災無線の更新工事は2010年度予算などで執行され、工期は2010年12月20日。正式運用は2011年4月1日とされていた。

それまでの防災無線は旧式機能だったこともあり、聞こえない、聞き取れないなどの苦情が絶えなかった。また、それまでの防災無線の定時放送チャイムは、四季の歌やウエストミンスターの鐘などだった。毅さんは防災訓練の参加者のほとんどが高齢者で、若者の関心が薄いことに危機感を持っていた。

そこで、新システムの切り替え時に新しいチャイムで若者たちを惹きつけることを企画する。依頼すると作曲家の英敏さんはその場で快諾してくれた。エヴァンゲリオンのオープニングテーマを企画課広報職員の佐藤義男さんに編曲してもらいチャイムに組み込んだ。不条理な災害に対し若者も一緒に戦ってもらいたいという願いをチャイムに託したのかもしれない。

こうして、朝6時『新世紀エヴァンゲリオンのオープニングテーマ・残酷な天使のテーゼ』、正午『おすばてサンバ』、午後5時『ひころの風』、午後9時『南三陸あなたの海へ』が組み込まれた。

正午の『おすばてサンバ』は前述の佐藤義男さん作詞作曲で、歌詞には南三陸町の魅力が満載されている。特産のタコ、アワビ、ウニ、ホヤなどを組み込んだコミカルで元気のいい曲である。「おすばて」とはこの地方で酒の肴という意味である。

この曲は義男さんが冬のイベント「おすばてまつり」のテーマソングとして2年前に完成させ、観光協会が本格的に広めようとしていた矢先だった。震災の時、義男さんも企画課として本部に詰めていた。そして防災庁舎屋上に避難して流され今も行方不明だが、義男さんが作った曲が今も町中に流れている。

午後5時は『ひころの風』。「ひころ」とはこの地方の言葉で光のこと。作曲は『おすばてサンバ』の編曲も担当した高橋泉さんである。歌劇の序曲として作られたともいわれている。

そして午後9時のチャイム『南三陸あなたの海へ』も英敏さんの作曲。元々歌津のご当地ソングとして演歌歌手のみちのく姉妹が歌っていた曲。今は歌津出身で南三陸町復興大使も務める歌手まきのめぐみさんも歌っている。

震災前にこのように毅さんが心を砕いた防災無線のチャイムは、甚大被害を受けた南三陸町の傷をいやすように、そして励ますように、今日も静かに流れている。

毅さんとひろみさんはともに歌津町で生まれ、小学校から中学まで同級生であり幼馴染だった。その後、ひろみさんは志津川高校に、毅さんは男子校の宮城県気仙沼水産高等学校（現在の宮城県気仙沼向洋高等学校）に進む。水産高校を選んだ理由は、無線の国家資格を取得するためだったという。無線技士の資格を持っていたことで、後年防災無線を任されたのかもしれない。

その頃から二人の付き合いが始まる。高校卒業と同時に申し合わせて二人とも歌津町役場に就職。当時、各地で青年団活動が活発だった頃である。歌津町でもほとんどの若者が青年団に所属していた。二人は仕事が終わっても青年団活動で一緒に行動した。

青年団は盆踊りやお祭りなど町の行事だけでなく、志津川町、本吉町、津山町、唐桑町など本吉郡の町ごとに競い切磋琢磨しながら活動していた。当時はバレーボール、バドミントン、陸上競技などのスポーツ大会、全国合唱コンクール、演劇、海岸清掃など、郡、県、全国大会などの年間行事がびっしりと埋まっていた。

小学生の頃からリーダーシップを発揮してきた毅さんは青年団長としても先頭に立ち、ひろみさんはいつもそばにいた。毅さんが本吉郡の青年団長を務めた時、持ち回りで主催する青年団の県大会を本吉郡で行うことになった。毎晩のように志津川町に集まって各町の青年団をまとめ、大会を成功に導き歌津に三浦毅ありと印象付けた。

1984年に結婚し、二人の息子に恵まれる。飲み会大好き人間で、そのつど「おっきな車で来いよ」と言われ、ひろみさんがランドクルーザーで迎えに行き、あっちこっちに酔った仲間を送り届けるのが常だった。息子が成人し二人とも県の公務員に就職した時は嬉し泣きし、親子で酒が飲めるようになったと喜ぶ子煩悩でもあった。

歌津町に入庁後、毅さんは国土調査や区画整理係を皮切りに、税務課、福祉課などを経験した。とくに総務課が長く、消防団や地震・津波対策に力を入れるなど防災に関する知識も豊富だった。その経験が買われ合併後しばらくして本庁の危機管理課に配属され防災庁舎が執務室となる。

歌津町の時も南三陸町の危機管理課でも、夜は枕元に防災服など一式揃えて寝ていた。サイレンが鳴り、防災無線で情報が入ると瞬時に飛び起き身支度をして本部に駆け付けて行った。どんなに疲れていても嫌な顔せずに飛び出していき、消防団の残火処理が終わるまで帰らなかった。

3・11の時、ひろみさんは歌津の勤め先にいた。猛烈な揺れが収まってしばらくしてから、防災行政無線で未希さんの声が流れ、津波への警戒を促していた。震災前、毅さんは、

「ここ（自宅）まで津波が来るようなら町は終わりだ」

と常々言っていて、一段高くなった中腹にある自宅に津波は来ないと思っていたようだ。後から思うと、毅さんたちが作った町の地域防災計画は、県の被害想定を基準に対策が練られていた。その被害想定では歌津の津波最高水位が6・9ｍとなっていた。その高さで

あれば、海抜15mほどの自宅に津波は来ないと判断していたのだろう。

毅さんは毎日どこに行ってもこまめにひろみさんにメールを送ってきた。しかし、その日に限ってメールは一度も送られてきていない。たぶん防災庁舎で対応に追われているのであろうとひろみさんは思っていた。息子2人は仙台の警察署と気仙沼の学校にいるはずだった。

ひろみさんは揺れが収まると年寄り2人が心配で急ぎ帰宅する。自宅に着いた時、防災無線の放送が聞こえた。毅さんの声だった。

「あ、お父さんだ」

放送の内容はよく覚えていないが、高台への避難を呼びかけていた。ひろみさんが毅さんの声を聞いたのはそれが最後だった。81歳の義父と77歳の義母が散乱したものの片づけをしていた。すると近所の人が、

「津波が来る、逃げろ、早く山へ逃げろ」

というので、2人の背中を押すようにして裏の山道を登った。そして、自宅を見ると津波が押し寄せ1階が浸水した。そのあと津波はぐるっと家を一回りして引いていった。

避難所に避難していたひろみさんは、防災庁舎にいた10人が無事というラジオを夜中に聴いた。後で聞くと、それは副町長か智さんが携帯電話でメールしたもののようだった。10人無事と聞いたひろみさんは、ほかの職員はどこかに避難し、残っていた危機管理課などの職

員たちが助かったものと考え､連絡はしてこないけど毅さんは無事でいるだろうと思っていた。しかし、翌日生還した10人の中に毅さんの姿はなかった。屋上に避難した多くの職員と一緒に流され安否不明となっていた。それからのひろみさんは毅さんの消息を探して回るのが日課になった。

毅さんは防災行政無線の担当責任者だった。震災の約3か月前の12月20日工期でデジタル式の新防災行政無線システムが完成した。そして、本格運用は4月だったが1月から試験運用が始まっていた。防災無線が聞こえにくいというクレームも解消できる。そして津波警報をJアラートで受信すると、夜中でも自動放送に切り替わり職員がいなくても避難の呼びかけができるようになって、

「これで一分一秒でも早く避難が呼びかけられる」

と毅さんは嬉しそうだった。

ところが震災の2日前の地震の時、津波注意報が発表されたにもかかわらず歌津などに放送が流れなかった。そのことが議会でも問題にされたようで、毅さんは帰宅後も落ち込んでいた。それでも気を取り直したように、

「11日には業者が来るから」

とも言っていた。だから、震災発生後、歌津で未希さんの声が聞こえた時、防災無線が直っ

たのだとひろみさんはほっとしていた。

日本舞踊で一緒だったので、ひろみさんは未希さんをよく知っていた。いまどきこんないい子がいるのかと思うほど、未希さんは性格も態度も素晴らしい娘さんだった。震災後、未希さんが行方不明だったと知り、一緒にいた毅さんが仲間を守れなかったと心が痛んだ。4月になって未希さんのご遺体が発見されたことを新聞で知った。ご両親や婚約者の心中を思いひろみさんは一人で涙をこぼした。

毅さんは未希さんのことを、気さくで職場を明るくしてくれる人だといつも褒めていた。そして、秋に結婚式を挙げることも知っていた。一部の報道で最後まで未希さんが放送していたと聞いた時、毅さんは未希さんを残して逃げる人ではない。ひろみさんは何かの間違いだと思った。防災庁舎で何があったのか、助かった人たちに話を聞いてまわった。

歌津時代から毅さんと一緒に仕事していた職員は、

「自分はほかの職員と一緒に外にいたが、屋上から津波が来てるから上がれと言われ、あわてて階段を上った。屋上に上がるためには危機管理課を通らなければならない。2階に行くとまだ数人残っていたように思う。放送室のドアが開いて毅さんが見えたので、毅さんというよりみんなに向かって『早ぐ、逃げっぺし』と叫んだ。すると『もう一回やってから行ぐから』と毅さんが答えた」

★残酷な天使のテーゼ（新世紀エヴァンゲリオン・オープニングテーマ）

作曲　佐藤英敏、編曲　大森俊之、作詞　及川眠子《おいかわねこ》、歌手　高橋洋子

残酷な天使のように
少年よ　神話になれ

蒼い風がいま
胸のドアを叩いても
私だけをただ見つめて
微笑んでるあなた
そっとふれるもの
もとめることに夢中で
運命さえまだ知らない
いたいけな瞳

だけどいつか気付くでしょう
その背中には
遥か未来　めざすための
羽根があること

残酷な天使のテーゼ
窓辺からやがて飛び立つ
ほとばしる熱いパトスで
思い出を裏切るなら
この宇宙（そら）を抱いて輝く
少年よ　神話になれ

ずっと眠ってる
私の愛の揺りかご
あなただけが　夢の使者に
呼ばれる朝がくる
細い首筋を
月あかりが映してる
世界中の時を止めて
閉じ込めたいけど

もしもふたり逢えたことに
意味があるなら
私はそう　自由を知る
ためのバイブル

残酷な天使のテーゼ
悲しみがそしてはじまる
抱きしめた命のかたち
その夢に目覚めたとき
誰よりも光を放つ
少年よ　神話になれ

人は愛をつむぎながら
歴史をつくる
女神なんてなれないまま
私は生きる

残酷な天使のテーゼ
窓辺からやがて飛び立つ
ほとばしる熱いパトスで
思い出を裏切るなら
この宇宙（そら）を抱いて輝く
少年よ　神話になれ

と教えてくれた。ただ、そのあと毅さんが背後から上がってくる気配はなかったという。最後にマイクを握っていたのは毅さんに違いないとひろみさんは今でもそう思っている。どちらにしても毅さんと未希さんは、エヴァンゲリオンのように住民の命を守るために力を合わせて戦う戦友だったのだろうと思っている。

朝6時に流れる『残酷な天使のテーゼ』のメロディ。最初の頃、ひろみさんはこのチャイムを聞くたびに涙が止まらなかった。しかし今は、震災前に毎日届いたメールのように毅さんからの定時連絡と受け止め、毎朝勇気と元気をもらっている。

いまだ帰らぬ夫だが、いつか「おっきな車で来いよ」のメールがきっと来ると信じている。今日も南三陸町の空を蒼い風となってひろみさんの胸をたたく毅さんのチャイムが流れていく。

(5) ポールによじ登る

旧志津川町の時に建設された防災対策庁舎（防災庁舎）は1995年の竣工である。以前から懸案だった防災行政無線の更新整備に伴って建てられた庁舎であった。1979年に整備された最初の防災行政無線は旧式のため感度が悪く、聞こえにくいと苦情が絶えなかった。

1993年の北海道南西沖地震で、奥尻島では津波警報が間に合わず多くの犠牲者を出した。そのこともあって、チリ地震津波で犠牲者41人という県内最悪の被害を出した志津川町でも防災無線更新は至上命題となっていた。翌年の1994年には総務課でデジタル防災無線整備計画素案が作成されている。

その頃隣接する歌津町では、すでに全世帯に戸別受信機が設置されていていつも比較されていたので、更新で課題が解消されると期待された。当時総務課にいた智さんも担当の一人だった。各地で行政防災無線のデジタル化が進められていた頃で、国や県の補助事業として整備することになった。

総務課で防災係だった智さんは、当時の菅原総務課長から、

「設備のアンテナや発電機、受発信設備、放送設備をどこに置くつもりか」

と聞かれた。その時は本庁舎の屋根にアンテナを建て、庁舎内に分散して設備や装置を設置するつもりであった。

しかし第一庁舎そのものが築40年を超え老朽化していて、鉄骨の第二庁舎と合わせても手狭で会議室なども十分取れず建て替えの必要があった。そのための建設費用として毎年積み立ててきた基金が1億2千万円ほどになっていた。しかし、本庁舎を本格的に新築するとしたら10～15億円かかるといわれていて、財政的に新築の見込みは立っていなかった。

智さんは課長から、

「4億もかかる防災無線システムを古い木造庁舎で大丈夫か」

と訊かれ、

「専用の施設が一緒に建てられればいいのですが」

と答えた。

「だったら庁舎建設基金を取り崩し、文書室や会議室を兼ね備えた防災管理棟を建て、そこに設備を収容すればいいのではないか」

と言われた。のちに副町長になる遠藤企画課長と総務課長が理事者側と協議して、たたき台をつくって防災管理棟建設案が進められていった。

　そして、1995年1月に阪神・淡路大震災が発生する。神戸で震度7が観測される激しい揺れに直下型地震の恐怖がクローズアップされた。建てるなら震度7に耐える建物が必要ということになった。かといって高台に別棟を建てるまでの余裕はなかった。

　そこで本庁舎と第二庁舎の間にあった古い建物を壊し防災管理棟を建設する案が議決される。ともかく、従来の庁舎は何をやるにも狭くスペースで苦労してきただけに、役場と一体となった少しでも広い部屋がほしいというのが各課からの切実な要望であった。そこで室内を広くとるため、階段設計が工夫され防災庁舎の階段は特異なつくりになった。

　防災庁舎の階段は1階から屋上まで直通になっておらず、第一庁舎と第二庁舎の両方の2階から渡り廊下で防災庁舎2階とつながっている。その2階からも直接屋上には行けず、屋外階段を上って3階の室内を通ってから、また外階段へ出て屋上へ出ることになる。そうすることによって、階段で取られる面積を減らし、室内面積を多く確保できるようになった。

その頃の志津川町に危機管理課はまだなく、消防団や防災対策はすべて第一庁舎1階にあった総務課の防災係、つまり智さんの担当だった。歌津と志津川が合併した2005年から人員に余裕も出て危機管理課が創設される。その時から防災庁舎2階が智さんたちの危機管理課となる。

防災庁舎の1階は会議室や市民相談室などの催事室。2階は危機管理課と防災行政無線の放送室、そしてIT関連のサーバーやメール発信用PCなどの情報処理室も同じフロアにあった。3階には自家発電設備、永年保存用書庫、倉庫、防災資機材置き場などとなっていた。

屋上には送受信設備とアンテナポールが2本設置されていてパラボラアンテナもあった。上に避雷針がついた高さ5mのアンテナポールは直径約25㎝、細いほうは直径15㎝ほどだった。阪神・淡路大震災直後に建設された防災庁舎は、14年経た東日本大震災時の震度6弱の揺れでもびくともしなかった。

気象庁から10mの大津波警報の発表があったのが午後3時14分、それを聞いて残っていた職員のほとんどが屋上に上がっていった。すでに八幡川を津波が遡っている情報も入っていた。外へ出れば津波の餌食になる可能性があった。もうこの時点で屋上以外に避難場

所の選択肢はなくなっていた。それから5〜6分後、窓から見ると八幡川を黒い濁流が逆流していた。それを見て、

「もうだめだ、みんな上がってけろ」

副町長の言葉に全員屋上に上がった。

午後３時20分過ぎに智さんが上がった時、すでに屋上には機材の合間に40〜50人が避難していて混雑していた。周囲に巡らされていたフェンス周辺に多くの人が集まって海のほうを見ていた。黒い波はすでに第一庁舎の下まで来ている。あちこちに土煙のようなものが上がり、何かが壊れる音や重量物がぶつかり合うような音が聞こえた。

防災庁舎の周りが海になっていた。空は曇っていて今にも雪が降りそうなほど風は冷たく屋上は寒かった。白いヘルメットを被っている者の多くは町の職員で、被っていない職員や住民も数人いた。初めて屋上に上った人たちが多かった。身を乗り出すようにして、不安そうに海や自宅の方を見ていた。

八幡川があふれ出し漂流物を押し流すように黒い波が傍若無人に広がっていく。防災庁舎前の駐車場にあった公用車や職員の車がどんどん流されていく。智さんは自分の車が濁流の中をゆっくり回りぶつかりながら流されていくのを呆然と見ていた。今、目の前に起きていることが現実とは思えず全く受け入れられないでいた。

午後3時半前、

「あー役場が！」

悲鳴が上がる。防災庁舎を挟んで第一庁舎と第二庁舎があるが、海側の第一庁舎の赤いトタン屋根が押しつぶされひしゃげ、周囲の住宅と一緒に流されていく。54年間町政を支えてきた役場が、つい先ほどまで議会が開かれていた議場も何もかもが一緒くたにされてあっけなく渦に飲み込まれていく。

「えー、うそー」

「ありえない」

「もうだめだ」

絶望的な声が上がった。そして、第一庁舎の反対側で鋭い悲鳴が上がった。

「せっちゃんがー」

「だめー」

総務課長の家が流されるのを見ていた女性職員たちだった。海側にいた人たちも悲鳴のほうに移動する。

防災庁舎の周囲の住宅がバリバリと破壊されながら次々と流されていく。役場近くにあった防災無線のスピーカーごと鋼鉄のポールが傾いていく。智さんはさらに大きな津波が来るのではないかと気が気ではなかった。

そこで太い方のアンテナポールに上ることにした。工事の時に業者がやったように電線止めバンドに足をかけて上がった。

そこには見たこともない光景が広がっていた。まるで自分が船のマストの上にいるようだった。町は姿を消し、今や海原となった防災庁舎の周りをうねった波が建物の残骸を浮かべすごい勢いで流れている。白い志津川病院や高野会館が見えるが、その先はよく見えない。

「智ー、津波、見えっか」

町長の声がした。

「あまりよく見えません」

と答える。波がぶつかりあってのしぶきなのか、家が壊れた時の土ぼこりのせいか全体がかすんでいる。ガシャン、メリメリというような音がする。ポールが時々揺れた。

志津川でこれほどの津波なら、自宅のある戸倉地区は湾の奥だからもっと大きい津波が押し寄せているに違いない。晴れていれば戸倉神社方面の海岸が見えるはずだ。しかしいくら目を凝らしても霞がかかったようになっていた。

足腰の悪い74歳のおふくろはどうなっただろう。今頃大津波が押し寄せているのかもしれない。近くの人たちも昼間はほとんどが高齢者ばかり。自力避難できない母親を見殺しにするしかないのか。

自宅まで車でたった15分か20分の距離である。民間人であればすぐに駆け付けて背負ってでも母親を避難させただろう。消防へ勤めた時からこんなことは覚悟していたはずであるが、今の自分には何もできない。身を切られるように胸が痛む。

「おふくろ、ごめん」

心の中でつぶやく。津波で隔てられた戸倉がさらに遠くなった気がした。

若い職員と目が合った。見上げていたのは企画課の阿部好伸さんだった。

「好伸、お前も登れ」

と言うと彼はすばやく智さんの下によじ登り、白いボックスの上に足をかけた。智さんは好伸さんに場所を空けるように、さらに一番上まで登って風向風速計の取り付け金具に手をかけ衛星アンテナの根元に足をかけた。すぐ上には避雷針があった。手がかじかんでしびれるほどだった。漂流物がぶつかるたびに身体ごとポールが揺れる。振り落とされないようにするだけでいっぱいいっぱいだった。

防災庁舎と志津川湾との間にある公立志津川病院は、5階建ての西病棟と4階建ての東病棟がつながっている。病院の3階以下はすでに浸水しているのか、窓から水が噴き出しているように見える。その周辺に黒い大きなうねりが見え、さらにその向こう側の高野会館あたりから水煙のようなものが上がった。

「来るぞ！」

甲高い声が聞こえた。直後に波が来た。それが屋上への第一波だった。見渡す限り町中が屋上と同じ高さの荒れた海に沈んだ。ポールにかじりついているだけで、ほかの人がどこにどうしていたかはほとんど記憶にない。

以前受講した防災セミナーで、

「予想津波高さは平均潮位に対する高さを表していて、海底や湾の形状によっては、発表される予想よりも高い津波が押し寄せてくる場合がある。予想はあくまで目安でしかない」

さらに、

「津波は第一波よりも第二波、第二波より第三波の方が高くなる場合が多い」

ということも聞いていた。気象庁が予想津波を10ｍに更新した時、それでも12ｍの屋上であれば波を被ることはないと思っていた自分が甘かった。屋上はすでに50㎝ほどの水に覆われている。

そして次の瞬間、大きく盛り上がった黒い波がさらに屋上を包み込んだ。思わず目を閉じた。しぶきが上がったような気がした。ゴーっという滝のような音がしていた。その間、たぶん1分か2分くらいだったと思うがとてつもなく長く感じた。

目を開けると水は引いていた。そして誰もいなくなっていた。ゾッとした。

「オーイ大丈夫か」

声が聞こえた。目を転じると3階から屋上に通じる外階段を登り切った一段高くなった踊り場に数人が固まっていた。みんなずぶ濡れで黒い塊のように見えた。智さんは洋服も靴も濡れていなかった。キツネにつままれたような気がした。津波が足元を通り過ぎて行ったのである。一段下にいた好伸さんは腰から下が濡れていた。志津川病院のほうを見ると、一面の黒い海で水面が波打ち膨らんでいるように見えた。

「次が来るから、ポールにつかまってください」

と叫んだ。ポールを抱いた腕がしびれている。志津川病院の屋上からも、

「来るぞー」

などの声が聞こえた。その後も防災庁舎の周りを波は行ったり来たりした。そのたびにみんなコンクリート架台の上に登って2本のポールに分かれて縋りついたが、それ以降屋上を越える津波はなかった。それでも、まだ油断はできないと思った。

屋上で残った10人のほかはすべて流されてしまった。後で聞くと、流された中で1人だけ助かった職員がいた。その人は流される途中運よく水面に浮きあがり、流れてきた畳などにつかまって九死に一生を得た税務課の三浦勝美さんだった。

つまり、防災庁舎屋上に避難していたと思われる54人のうち、11人だけが命を取り留めたのである。智さんはスーツの上に防寒着を着ていたが全く濡れておらず、なんだかみんなに申し訳ない気がした。

携帯も濡れていなかった。音声電話は通じなかったがショートメールで、

「自分は無事、おふくろが家にいるので頼む」

と親戚に、

「防災庁舎に町長以下10人孤立。救援要請を頼む」

と知人に送った。盛岡の知人は、

「マスコミの友人に伝える」

と返信してくれた。しかし、それも最初の方だけだった。中継所のバッテリーが切れたのかしばらくたつと全く通じなくなってしまった。

そのあとは寒さとの戦いだった。全身が濡れた職員たちは震えていた。このままだと低体温症になる。風もあったので体感温度からすると気温はマイナス3℃から5℃くらい。二人以外は頭から下着までぐっしょり濡れていて、放置すれば死に至る可能性があった。何とかしなければと思った。火を焚くしかない。濡れていない分元気な智さんが率先して作業にあたった。

3階に降り、自分のネクタイを外し切り裂いて短冊状にした。タバコを吸う好伸さんの

ライターが役立った。そこへ流れ着いた発泡スチロールやごみなどの小さいものから板切れにと時間はかかったが、確実に大きなものへ火を移していった。そして流れ着いた一抱えほどの梁が燃え上がるとようやくみんな落ち着きを取り戻した。

どこから流れ着いたのかオレンジ色のネットに入ったミカンを見つけた。分けて食べたがあれほどうまいと思ったことはなかった。みんなが一番喜んでくれたのが焚き火とミカンだった。

朝の4時頃まで津波は20回くらい来た。その周期を計ってみると1時間～1時間半くらいで押し引きを繰り返していた。

「引いている間に逃げっぺ」

というものもいたが暗い中動くのは危険だった。

「明るくなるまで待ちましょう」

と留めた。夜が明ければ何とかなると思った。

3階にあった自家発電装置の燃料なのか床がぬるぬるしていた。その発電機の上にご遺体が流れ着いていた。よくみると高齢の女性で志津川病院から流されてきたものと思われた。もしかしたらおふくろもどこかで同じ目にあっているのではないか。他人事とは思えず放置するのは忍びなかった。智さんは自分の防寒着を脱いでそっとご遺体に掛け手を合わせた。涙がこぼれた。

Interview 2

今でも溺れる夢を見る
――町長佐藤仁氏の３・11

南三陸町の佐藤仁《じん》町長には震災前から何度かお目にかかっていた。とくに震災直後、ベイサイドアリーナの災害対策本部に伺った時のことを思い出す。コピーした手書きの名刺を出された町長は、まるで別人かと思うほど頬は落ち声がかすれていた。無理もなかった。震災直後「南三陸町、町長以下１万人安否不明」と河北新報が報じるほど被害は甚大であり混乱状態だった。そして町長自身、防災庁舎屋上の鉄柵に引っかかって九死に一生を得たばかりだった。

後から伺うと、その時はろっ骨を骨折しひどい状況にありながら、医者に診てもらう余裕もなく不眠不休で陣頭指揮にあたっていた時期だったそうだ。医師の診断を受ければきっと入院させられてしまう。何もかも流され、食料も水も満足にない多数の避難者・被災者がいる。そしてまだ多くの住民や職員が安否不明になっている。

最前まで光り輝いていた南三陸町がまるで廃墟となっている。家を失い、家族を失い希望まで失った住民たち。県の被害想定の3倍を超える津波とはいえ、町長として住民や職員を守れなかった自分が許せなかった。

そして目の前に大問題が山積みされている。破壊された街、心も身体も傷ついた人たちをおいてこの戦場を離れることはできない。命を懸けて南三陸町を取り戻す。心に決めた。そのためには一時といえども敵前逃亡などできない。何が何でも進むしかない。あの時屋上で一度は死んだ命、拾った命である。失った仲間たちのために、町民のために痛みを隠して陣頭に立ち続けることが町長としてせめてもの贖罪だった。

こうしたお話を伺う機会を得たのは、震災から5年9か月過ぎた2016年12月だった。復興公営住宅、高台集団移転、さんさん商店街常設工事などが進み、応急仮設住宅も来年度には一部を除きほぼ解消する見通しもついた。低地のかさ上げ、防潮堤、道路整備などまだ途上事業もあるが、着実に復興の道筋が見えてきた南三陸町。

久しぶりにお目にかかった町長は、震災前のふくよかな面差しを取り戻していた。震災後の筆舌に尽くせぬ修羅場を乗り越え新しいまちづくりに奔走。経験したことのない大規模災害の後始末と復興の最前線で指揮官として戦い抜いてきた。いくつもの試練を乗り越え、今や町長という重職さえ超越した護民官の顔になっていた。

震災当日、本庁舎2階の町議会議場で3月定例議会が最終日を迎えていた。議場には議員16人と職員約20人がいた。最後の議案は遠藤副町長の再任人事案で原案通り承認された。町長は議長に促され、少しほっとしながら閉会の挨拶をし始めた。

2日前の3月9日にも三陸沖を震源とするM7・3の地震が発生していた。町長は想定されている宮城県沖地震を念頭に「安心安全な町づくりを一層進めて……」と話している最中、グラッと足元が小さく揺れた。地震の話をしている時の揺れ、あまりにもタイミングのよい揺れ（余震と思った）に一瞬笑いがこみあげそうになった。後から考えると不謹慎のそしりを免れないが、まさかそれが東日本大震災の始まりとは夢にも思わなかった。そのすぐあとに途方もない大揺れに見舞われる。

いきなり「どしん！」という突き上げるような大揺れが来た。議場のある古い第一庁舎はギシギシと音を立て今にも倒壊しそうに全体が揺さぶられた。演台の水差しとコップが落ちガラスが飛び散る。その時、上の段にいた熊谷議会事務局長と職員が町長に覆いかぶさるようにして

「町長！　机の下」

と言ったので、慌てて机の下に身体を滑り込ませた。議員や職員も同様の行動をとったようだ。揺れはすぐに収まらず異常に長く揺れ続けた。いったん収まったと思ったら、その

あともう一度大きい揺れに見舞われた。２日前とは全然違う揺れ方だ。

「宮城県沖地震が起きた。これは訓練ではない本番だ」

「津波が来る」

と思った。２日前は震度４で津波注意報だったが、この異常な揺れなら必ず津波警報が出ると思った。津波警報が出れば第３号非常配備で最大限の非常態勢に入らなければならない。揺れの継続時間は３分程度だったかもしれないが長い時間に感じた。ようやく収まり立ち上がるもまだ揺れているような気がした。

ともかく「災害対策本部設置だ」

情報の集まる防災庁舎に入らなければならない。自分に言い聞かせるように１階の町長室に戻った。引き出しが飛び出し、書棚が倒れ書類などが散乱している。ただ不思議なことに防災服が入っているロッカーだけ倒れていなかった。着替えて階段を上り、渡り廊下から防災庁舎２階に駆け込んだ。

さすがに危機管理課の書棚などは固定されていたと見え、机が多少移動している程度で転倒していない。副町長がすでに待機していた。非常電源の発電機が動いていて照明も点灯している。阪神・淡路大震災直後に建てた防災庁舎は「震度７にも耐える」自慢の建物だった。

「よし、大丈夫だ」

自分に言い聞かせた。

壁を背に席に着くとすぐ、阿部慶一危機管理課長が気象庁の地震情報と津波予報を伝達する。

「気象庁発表、14時46分頃、三陸沖を震源とするM7・9の地震発生、最大震度栗原市震度7」

後日M9・0に訂正されるが速報値ではM7・9だった。

「志津川の最大震度は震度6弱」

さらに智さんから、

「14時49分気象庁は岩手県、宮城県、福島県沿岸に大津波警報発表」

「14時50分気象庁発表、予想される津波到達時刻は15時、予想津波高さは宮城県沿岸で6m」

報告を聞いた時、町長は県の被害想定通りだと思った。

「これは宮城県沖地震だ。被害想定通りだ」

と言った。職員たちも町長の言葉にうなずく。誰かが、

「とうとう本番が来た」

と言った。たぶんほかの職員も同じ受け止め方だったと思う。想定されていたのは向こう30年以内の発生確率99％と恐れられていた宮城県沖地震である。第三次宮城県地震被害想定（2004年3月）の想定地震は、宮城県沖地震（連動）でM7・8となっていた。

気象庁の発表が速報値とはいえM7・9となれば、想定通りの地震が発生したと考えるのは当然であった。その被害想定によれば南三陸町は震度6弱で津波の最高水位は、志津川地区で6・7m、歌津地区で6・9m。これは気象庁の予想津波高6mと符合する。6mの津波なら5・5mの防潮堤が跳ね返してくれると思った。

町内はすでに停電していて信号が消え、固定電話も携帯電話も通じにくくなっていた。それでも防災庁舎は非常電源が作動し照明が点いていた。着替えた背広をみんなの邪魔にならないところへ置こうと思ったところ、放送室のドアが開いていて未希さんが見えたので、

「ここへ服置かしてくれ」

というと、

「は～い」

と明るく答えてくれた。大地震ではあるが、みんな落ち着いていた。

「これなら大丈夫」

きびきび動く職員たちを見て頼もしく思った。その一方で、大地震はいつか起きると思っていたが、それがまさか今日だったとはという愕然とした思いもあった。

「所定の非常配備に就き、計画通り住民の避難誘導を徹底せよ」

と訓練と同じように指示した。

「了解!」

「〇〇係、水門閉鎖確認せよ」

「了解」

遠藤副町長からも指示が飛ぶ。

「主な被害の収集に当たれ」

「了解!」

あわただしく飛び出していくもの、わかっている状況を書き出すもの、災害対策本部は整然と初動対応が機能し始めた。

その時はまだ、まさかその数十分後に15・5mの津波が防災庁舎に押し寄せてくるとは誰も思っていなかったのですべてが想定通りだった。ちょっと想定外だったのは危機管理課の天井にポールで取り付けてあったテレビが壊れて映らないことと、同じフロアにある情報処理室のサーバー損壊であった。

パソコンやインターネットが使えず、各防災拠点と連携しているネットワークや町内状況を映すモニターが使用不能となってしまったことが痛かった。それによって情報収集や住民への防災メール発信ができなくなっていた。

長い揺れだったが庁舎のガラスは割れていない。これなら町内の建物被害は少ないに違いない。軽微であってほしいと祈るような気持だった。避難所の開設、住民避難の状況など、とにかく情報がほしかった。サーバー損壊は致命的で情報が少なくJアラートや小型ラジオが主たる情報源だった。総務課にある県の防災系ファックスも機能していないようだ。

その頃には警察署員、広域消防職員、消防団長、県職員など危機管理課内には約40人以上が集まっていた。地域の被害情報は警察無線、消防無線と駆けつけてくる職員からの報告が主であった。


「現時点で火災情報はありません」

「道路は渋滞していない」

「建物の大きな被害は見当たらない」

などが報告される。副町長が、

「住民の避難状況を分かっているだけでいいから集計し報告せよ」

と指示している。


危機管理課の隅にある放送室から防災行政無線の放送が続けられ、高台避難を繰り返し呼び掛けていた。津波警報で心配なのは町内に27ある防潮水門（河口）と80の陸閘門《りっこうもん》（防潮堤の出入り口）の閉鎖であった。午後3時に津波が来るとしたら時間との競争である。津波が河口や防潮堤の出入り口から遡上しないように、戸倉、志津川、歌津など防潮水門と陸閘門が設置されていた。それが閉まれば市街地への津波流入は最小限に抑えられる。

壁には大きな町域地図が設置され、盤面に水門、陸閘門を表す表示ランプが配置されていた。9か所ある2級河川の防潮水門は昨年自動閉鎖装置設置が完了していた。しかし、ほかの大部分は手動閉鎖であった。閉鎖作業は予め定められている職員や消防団員らがすでに取り掛かっているはずである。閉鎖が確認された陸閘門にはランプを点灯させる。

「○○水門閉鎖完了！」

報告が入るたびに、

「了解」

赤ランプが増えていく。災害対策本部要員は危機管理課、企画課、総務課とすべての管理職が配備についていた。電話が通じないようで多くが駆け込み通報だった。電話応対要員が、

「様子を見てきます」

と出ていく。

「津波が来るから高台に行け」

と声をかける。陸閘門閉鎖完了が伝えられると間髪を入れず、

「よし！」

と答える応諾と点灯する赤ランプが心強く感じる。

「作業完了者は直ちに近くの安全な場所に避難してください」

50年前のチリ地震では最大5・5mの津波だったが志津川町で41人が死亡している。危険を冒して頑張ってくれている消防団員や職員たち誰一人犠牲者にしてはならない。

「八幡川水門閉鎖確認」

消防本部でモニター管理している防潮水門監視カメラの情報が消防副署長の無線に入ってくる。

少し気になったのは津波の到達予想時刻であった。気象庁発表の津波到達予想時間だと地震発生14分後の午後3時となっていた。想定より10分以上早く津波がやってくる。もうあと数分しかない。住民たちの高台避難が間に合うか心配であった。

南三陸町では、県の被害想定に基づき、10分～15分以内に避難完了を目指して訓練していた。志津川地区の指定避難場所は、主なもので上の山公園、東山公園、大久保高台、大森高台、志津川小学校などがある。そのほか歌津地区、戸倉地区など約80か所の津波避難場所が決まっている。

それぞれ海岸から数百mから、遠いところでは1㎞弱ある。ただ、第一波から高い津波が来るとは限らない。一般的には第二波か第三波が最大になると聞いている。町の一部が浸水しても、

「みんなが無事でさえいれば何とかなる」

早く避難してくれ、祈るような気持だった。副町長が、

「用の済んだ者、報告が済んだ者は上に上がれ」

というと、職員たちも、

「上がっぺ」

と言いながら階段を上っていく。

その頃には屋上で状況を見張る係の職員から、

「まだ、津波は来ていません」

という伝令がきていた。津波到達予想が午後3時だとしたら、念のためみんなを屋上に避難させたほうがいい。町長も、

「上がれる者は上に上がれ」

と促した。時折余震もあったがさほど大きい揺れではなかった。津波到達予想時刻の午後3時を過ぎた頃、

「引き波が見えた」

「八幡川の水が引いている」

と相次いで報告が入る。防災庁舎の前に道路があり道路の向こうは八幡川である。窓から

見ると底が見えている。引き波が始まっている。もう猶予はない。

チリ地震津波の時、庁舎前で2・4mの津波が来ている。あの時より少し高くなっても2階まで浸水する可能性は低い。しかし、念には念を入れて職員を危険にさらしてはならない。すでに市街地の浸水が始まっている可能性が高い。

「もういい、上がれ」

町長は声を張り上げ避難を急がせた。それでも管理職は避難しない。

「町長が上がらないとみんなが上がれない」

副町長に言われて町長も屋上に向かった。2階から階段で3階に入り、そこからまた階段で登る。その間職員も一緒だったが、誰一人慌てている者はおらず、その時点ではまだ職員たちに危機感や悲壮感はなかった。町長が屋上に向かった直後の午後3時14分、Jアラートがさらに恐ろしい情報を伝えていた。

「宮城県の予想津波高10m」

6mから10mに更新されたのである。しかし、町長にその情報は届いていない。仮に届いていたとしても、もうその時は屋上避難以外の選択肢はなかった。

「当時、遊ぶことと言ったら野球しかなかった」

という佐藤町長は1951年12月24日生まれ、幼い頃から野球少年だった。そして小学校3年生の時にチリ地震津波（1960年）を経験する。1万7000㎞も離れた地球の裏側で発生した津波が、時速800㎞のスピードで22時間かけて海を渡り日本を襲ったのである。志津川の自宅兼印刷工場は津波に襲われ大破したが、家族と一緒に昔の志津川高校（上の山公園）に避難して全員無事だった。

高台から見た建物が流されていく光景は子供心に恐ろしかった。そして祖父が創業した佐藤印刷の工場は見るも無残な壊滅状態になっていた。当時は活版印刷が主流だったので鉛の活字棚や印刷機が倒壊し泥まみれになっていた。その頃の志津川には防潮堤も水門もなかった。小学生だったがこの時の津波暴力の凄まじさは、その後も長く佐藤町長の心に深く刻まれ、地震・津波対策の重要性を体に染み込ませていた。

それでも小学校が再開されると、クラス対抗の野球大会などもあり、以前にも増して野球に打ち込んでいく。その頃の佐藤少年は足が速く、郡大会の100m競走で優勝するほど速かった。志津川中学校の頃は将来プロ野球選手になりたいと思っていて、全国から俊英が集まる野球名門校の仙台商業高校野球部に入部する。しかし、入部してすぐ佐藤少年の夢は脆くも崩れ、プロになることをあきらめることになる。

新入部員は、先輩たちが見守る中で5球ずつフリーバッティングを披露するのが習わしだった。先輩たちが見守る中、一年生は先輩ピッチャーの投げる速い球についていけず、５本のうち１本か２本でも内野を抜けばいいほうだった。

ところがその一年生の中に怪物のようなとんでもない少年がいた。それは後にヤクルトスワローズ（当時アトムズ）で名選手として名を馳せた八重樫幸雄選手だった。八重樫は先輩の投げる５球全てをスタンドに叩き込んだのである。これには先輩たちも度肝を抜かれた。佐藤少年も「ああこういう男がプロになるのか、俺には素質はない」と思ったそうである。

夏の甲子園にも出場するが、二回戦でその年優勝する習志野高校に敗れる。翌年、夏の予選で東北大会の決勝まで進み、東北高校と対戦。しかし、東北高校のエースでサイドスローの佐藤正夫投手（後にジャイアンツに入団）に抑えられて惜敗。１９６９年の夏は甲子園出場を果たし、仙台商高はベスト8まで勝ち進む。しかし、準々決勝で玉島商高の前に敗退。

佐藤少年はプロをあきらめ、実業に進むことを決意し、卒業後は家業の印刷会社に入社。ただ青春時代に野球に明け暮れして学んだことは無にならなかった。それは、後に役立つことになるチームワークと適材適所の大切さだった。

その後、商工会青年部長などを経て、商工会会長の時に志津川町会議員に当選。二期務めた後、仲間に薦められ２００２年の志津川町長選に立候補し当選する。そして、

2005年歌津、志津川合併を主導し合併後の選挙で当選し初代南三陸町長に就任。さらに2009年の町長選でも再選され、水産業と観光産業の振興に力を入れ町の発展に全力で打ち込んでいた。そして、町長二期の任期半ばで東日本大震災に襲われるのである。

町長が屋上に上がった時、すでに40人ぐらいの職員たちがいた。佐藤徳治総務課長と目があった。普段から徳さんと呼んでいた。徳さんも地震発生時は議場にいて、揺れが収まるとテレビが点かないのでラジオを取りにいったん自宅に戻った後、災害対策本部に詰めていた。徳さんの家は防災庁舎の目の前にある。

「徳さん、奥さんは？」

と聞くと、

「避難するように言ったんですが、津波に追い付かれると怖いからって……女房は2階にいると思います」

と言う。

「津波は？」

と思って、海側に行って様子をうかがうが、防災庁舎周辺にまだ津波は来ていないようだった。ただ、海辺の住宅街のほうで黄色い煙のようなものが上がった。そのあと津波は猛烈なスピードで町を襲ってくる。

「津波が来た！」

と誰かが言った。すぐ下に第一庁舎の赤屋根が見える。しばらくすると、そこへ70代か80代の男性が自転車で乗り付け、第一庁舎のロビーに入っていこうとしていた。それを見て、

「屋上に上がれ！」

大声で叫ぶが聞こえないらしく、男性はそのまま庁舎に入っていった。その時、男性を追うようにバリバリと音を立てて住宅の残骸などと一緒に濁流が四方から押し寄せてきた。そして、あっという間に第一庁舎1階が浸水した。

「あの男性は大丈夫か？」

しばらくすると、濁流は見る見るうちに上昇してきた。と思ううち第一庁舎の赤い屋根がメリッと音がしたかと思うと真っ二つに割れた。つい先ほどまでいた議場も町長室もみんなあっという間に濁流が飲み込んだ。

「これは半端じゃない、6ｍという気象庁の津波予報を大幅に超える大津波が来ている。住民たちはみんな高台に避難しただろうか、指定避難場所は大丈夫だろうか、水門を閉めに行った消防団員や職員たちは……」

背中に冷たいものが走り鳥肌が立った。その時、初めて恐怖を覚えた。しかし、町長と

して今できることは何もなかった。庁舎がやられたら今度は徳さんの家が危ない。町長は慌てて海側から山側に移動する。女性職員が2人、フェンスから身を乗り出すようにして悲鳴を上げ叫んでいた。駐車場の横にある徳さん宅の2階建ての屋根がぐらりと動いたと思ったら、次にねじれながらみるみる流されていく。ガラスが割れる音やミシミシという音がした。徳さんは歯を食いしばって見ていた。

「徳さん……」

それ以上何も言えなかった。何もできない自分が情けなかった。（後で思うと、徳さんの奥さんのことがなければ、山側に移動しなかった。もしあのまま海側にいたら助からなかったかもしれない。）

その数分後、ドシャっという音がして屋上に濁った波が押し寄せひざ上まで水が来た。職員たちの中にはパラボラアンテナにつかまるもの、フェンスにつかまるもの、そして、一瞬だったが円陣を組んでいる人たちが見えた。その時、

「大きいぞ、来るぞ」

と誰かが言い、

「波に背中を向けろ、つかまれ」

と副町長の声がした。目の前の鉄柵につかまった。次の瞬間横殴りに猛烈な大波が襲った。

耳元でゴォーという音がした。水の中で身体が何かにぶつかり押し付けられていた。苦しくて息もできない。それからどのくらい水の中にいたのかはわからない。その前後のことは記憶が飛んでいる。ただただ苦しくてもがき、水も飲んだ。

気が付いたら水は引いていた。階段上部の鉄柵に押し付けられ、ぐっしょり濡れた自分がいた。鉄柵に挟まっていた足をようやく引き抜いた。鉄柵の周りには副町長や徳さんと数人の職員がいた。みんな、ずぶぬれで真っ青な顔で震えていた。震えは寒さだけでなく恐怖だった。

そして次の瞬間愕然とした。大勢の職員たちがいた屋上に今は誰もいない。生き残った者を数えてみると鉄柵に押し付けられていた8人と、ポールによじ登っていた2人の10人だけだった。下をのぞくと壁がはがれた防災庁舎の鉄骨に養殖用の網、ロープ、浮き球や材木などの残骸が絡まっていた。

「みんな大丈夫か」

「○○はいるか！」

呼びかけるも返事はない。

「○○ー」

いくら呼んでもどこからも返事は返ってこなかった。絶望感に包まれる。

「チクショー、みんないねぐねっちまった」

と副町長がため息と一緒に吐き出した言葉がすべてを物語っていた。しかしその時はまだ、流された人たちの大部分はどこかに流れ着いて助かっているものと思っていた。

宮城県の被害想定での想定津波は最大6・7mだったはずだ。12mの屋上にいた人間が波の下になったということは15mを超える津波が来たことになる。あの被害想定はいったい何だったのか。

150mほど先の公立志津川病院の屋上に人影が見えた。

「おーい、大丈夫かー」

と声をかけると
「大勢流された」

「そっちは大丈夫かー」

という返事が切れ切れに聞こえる。

「救援隊が来るから、がんばれ」

「津波が来るぞー」

日が暮れて見えなくなるまで、防災庁舎の屋上と志津川病院の屋上とでそんなやり取りがあった。

「また津波が来る、ポールに登ってけれ」

避雷針近くの一番上に登っている智さんの言葉に、ポールの基礎の上に集まり、2本のポールに分かれて取りつく。町長は釘か何かがぶつかったのか2か所服に穴が開き、腕は血だらけだった。鉄柵に挟まっていた足もしびれたようになっていたが不思議と痛みは感じなかった。すでにその時にはろっ骨が折れていたらしい。冷たく濡れた衣服がまとわりつき凍りそうに寒い。

余震なのか津波がぶつかっているのか防災庁舎が時折揺れる。何度か波の引き押しが繰り返された。そのたびにざぁーという音がした。寒さに震え体が固まっている。今度もっと大きな津波が来れば流される。太いポールに4人、細いポールに3人、ほかの3人はポールの下で固まっていた。ポールに登っている時に余震が襲うと猛烈に揺れた。黒い波の中に振り落とされるような気がした。

日が暮れ、さらに冷え込んできた。みんな体の芯まで冷たく震えが止まらない。雪もちらついてきた。このままだと低体温症で朝までもたない。満ち引きの波が低くなってきたので屋根のある3階に降りて火を焚くことにした。

周囲は真っ暗だった。壁が流され鉄骨だけの防災庁舎は3階も寒風が吹き抜けていた。濡れたまま風に当たればさらに体力は消耗する。手分けして板やベニアなどを集めて周りに立てかけ、少しでも風を防ぐように工夫した。

そして火を焚いた。火がなかったら生き残れなかったかもしれない。焚き火の暖かさは絶望の淵にいた町長たちを少しずつ落ち着かせていく。

「吸いますか！」

智さんの下でポールにつかまっていた好伸さんのズボンはぐっしょりだったが、上着はほとんど濡れていなかった。その上着のポケットに入れていたタバコとライターが無事だった。生き残った10人のうち喫煙者が５人。貴重なタバコである。１本のタバコに火をつけ

「まず町長から」

と言われて、一同注視のなか一口吸い込んで次に回す。

「あーうまい」

焚き火とタバコで生きているという実感がわいた。しかし、職員はどうなったか、住民たちや町はと考えるだけで笑顔にはなれなかった。寒さは皮膚感覚を麻痺させるのか、どんなに火に近づいても温まる感覚がなく、近寄りすぎてやけどを負った職員もいた。

身体の前側が焚き火で熱くなるので背中を火に向けた時、焚き火の薄明かりの中、発電機の上に白っぽいマネキンが乗っているのが見えた。智さんに、

「マネキンが流れ着いている」

と言うと、

「町長、あれはご遺体です」

と言う。

「たぶん、病院から流されてきた患者さんだと思います」

と言う。見ると智さんは先ほどまで着ていた上着を着ていない。この寒さの中自分の防寒着をかけてあげたのか。

「ありがとう」

心の中で言った。智さんは消防、総務、危機管理課と防災一筋の男で、危機的状況の中でも常に冷静に対応してくれた、あの時、彼にどれほど助けられたことか。

夜半には雪も止み空には半月に満たない月と星が出ていたが、町には明かりもなく真っ暗だった。その頃になると轟音と共にヘリコプターが何度か飛んできた。赤と緑の灯火に向かって流木などに火をつけた松明を振って知らせようとしたが、気づいてくれないようだった。たとえ気づいてくれたとしてもヘリが着陸できる場所はなかった。

町長の携帯電話は濡れて全く用をなさなかったが、副町長は防水の携帯に換えたばかりだった。それでメールを発信して防災庁舎に生存者がいることを知らせることができた。

油の混じった海水を飲んだせいか口の中がねばねばしのどがカラカラに渇いていた。そんな時、誰かが流れ着いていたオレンジ色の網に入ったミカンを見つけてきた。4～5個くらい入っていただろうか、半分ずつに分けて食べたがうまかった。

そうしながら夜も更けていき、焚き火を囲みながら考えるのは、住民や職員たちのこと、家族の安否、そして昼間起きたことがあれは本当のことだったのかという思いだった。何かの間違いか悪い夢であってほしいと思った。

もし、あの津波が本当のことだったら町はどうなっているのか、住民はみんな避難しただろうか、流された職員は？　後からあとから様々なことを考えた。

明るくなるのが怖かった。破壊された街は見たくなかった。それでも夜は明ける。

白々と明るくなった町の光景に息をのんだ。もう南三陸町の市街地ではなかった。家も商店も工場も跡形もなく、道路も川もそこいら中に泥まみれの自動車、自転車、漁網、ブイ、住宅の残骸と水が覆っていた。

大津波は本当だったのだ。これが現実だと思った時、涙があふれてきた。

「なんてことだ」

呆然、落胆、全身の力が抜けたようになった。

しかし、自分は町の責任者だ。今ここでくじけることはできない。

この有様だとみんな家を流され多数の町民が居場所をなくしている。行方不明者や負傷者もいるだろう。避難者に水や食料を供給しなくてはならない。一刻も早く災害対策本部をつくって、生き残った職員たちと緊急対応に全力を挙げなければならない。

まだ、取り残されている人や救助を待っている人もいるはずだ。自衛隊に災害派遣を要請しなければならない。落ち込んだり怯んだりしている暇はなかった。

「生き残った我々がしっかり頑張るしかない」

と申し合わせた。津波の周期が約1時間程度と判断し、その合間を縫って午前7時半頃、から絡みついたロープを垂らして降りようと試みるが足場がなくなかなか降りられない。

そんな時、消防団員と町の職員が駆けつけてきた。智さんが流れ着いたロープを垂らし、先兵となってロープを張った。彼らの助けを借り、潰れた第二庁舎の鉄骨の上を伝わって、ようやく地上に脱出することができた。

時刻は午前8時を過ぎていたかもしれない。また津波が来る前に高台までたどり着かなくてはならなかった。街中を埋め尽くしたがれきや家屋の残骸をかき分け踏み越え、一番近い避難所の志津川小学校に向かった。よろめきながら午前10時頃ようやくたどり着くと、

「町長！　あんだ、生ぎでだのがぁー」

疲労困憊でよれよれになった町長を見つけた住民が大声で叫んだ。みんな泣きながら手を握ったり、肩をたたいたりしてくれた。テレビや新聞で「南三陸町、町長以下1万人安否不明」と伝えられていたという。避難している大勢の住民たちを見て、

「よかった、みんな避難してくれた」

町長も思わず涙ぐむ。何が何でも町を復興させ町民の生活再建の準備をしなければならない。その前にこの人たちの水と食糧や生活用品の確保だ。泣いている場合ではない、やることがいっぱいある。

「拾った命、残りの人生すべて町に捧げる」

と誓った。

見上げると真っ青な空に多数のヘリコプターが爆音を轟かせ飛び交っていた。今、町がただ事でない事態に陥っていることを否応なく思い知らせられた。志津川小学校から見渡すと、町は跡形もなく何もかも流され無残な姿をさらしていた。これだけ志津川がやられているのだから歌津も戸倉もやられているに違いない。しかし、情報はまだなかった。早く偵察隊を出さなければと思った。

小学校には1000人ほどの人たちが避難していた。みんな着の身着のままで逃げてきていた人たちで埋め尽くされていた。しかし、毛布は不足し食べ物もなかった。まだその頃町長にも災害の全体像が把握できていなかった。

とにかく、対策本部を立ち上げなければならない。万一防災庁舎が使用不能になった場合、対策本部は庁舎から離れた高台にある総合体育館「ベイサイドアリーナ」に設置する

ことになっていた。職員の運転で副町長と役場のワゴン車に乗った。ベイサイドに行く途中志津川中学校に立ち寄る。ここでも、

「生きてたか」

「無事だったかぁ」

という会話が交わされた。みんな不安で混乱状態だった。誰もが近しい人たちの安否を心配していた。情報が少なく苛立ってもいた。そのあと、車で山道を迂回しベイサイドアリーナに向かった。

ベイサイドアリーナに到着したのは昼頃だった。1500人以上の人たちが避難していた。体育館には歌津総合支所・地域生活課の西城庄市さん、本庁保健福祉課の手塚有希子さんがいた。

そこにいた職員はその二人だけだった。西城さんも手塚さんもベテラン職員だったが、1500人を超える避難者の対応など経験したことのない最前線にいきなり立たされて不安だったと思う。そこに力強い助っ人がいてくれた。尊敬する旧志津川町の元町長だった阿部公三さんである。公三さんは、

「おお！　町長、無事だったか」

抱きかかえるように喜んでくれた。公三さんは志津川市街地の東部にある自宅が流され

アリーナに避難していた。

「町長はきっと生きている。戻ってくるまでできるだけのことをして頑張ろう」と西城さんと手塚さんを励まし、相談に乗ってくれていた。まずは被災者の食事だと、被災を免れた地域の住民に握り飯の炊き出しを依頼し準備してくれていた。ありがたかった。行政の大先輩は非常事態にあっても、冷静沈着に的確なアドバイスをしていてくれた。

ベイサイドアリーナの館内を見て回ると、体育館の天井の一部が損壊・落下していた。このままでは次の余震で崩壊する恐れがあると判断、貴重な広いスペースだったが体育館を立ち入り禁止にした。ほかには広いスペースは少なく、ロビー、階段、廊下、研修室などにすし詰め状態になってしまったがやむを得なかった。

副町長、広域消防署員の錦部照夫さんと小畑政敏さんの二人、そして消防団員、駆けつけてきた智さんと企画課長補佐の及川明さんたちとアリーナ1階事務室で震災後初めて災害対策本部会議を開催した。差し迫った問題は避難者への食事の手配と生存者の捜索及び安否確認、情報収集である。

避難所はベイサイドアリーナだけでない。各地に散在する避難所に何人いて誰が食料を調達しどうやって届けるか。待ったなしの問題が目の前に山積していた。町長が知事と連絡が取れたのは2日後だった。

南三陸町の被害は甚大で、全半壊が62％の3321戸、死者620人、不明者は212人に上った。電気及び水道も、地震発生後に町内全域でストップ。復旧したのは電気が5月末、水道が飲用可能となったのが8月中旬になってからだった。避難者は約1万人以上と推定され、絶望的に物資が不足していた。これほどの広域大災害だと待っていても物資不足はすぐには解消できない。

そこで町長が意を注いだのはマスコミ対策だった。通常は広報担当が記者会見するのだが、南三陸町は毎回町長自ら一人で定時会見を行った。記者からの意地悪い質問や厳しい質問にも逃げないで真正面から丁寧に対応した。これは記者たちから好感をもって受け止められた。南三陸町の記者会見はニュースバリューがあり絵になると評判になって、テレビの全国放送や海外放送、新聞ラジオなどで他の被災地より多く報道されるようになっていく。

その結果、数ある被災地の中で南三陸町の知名度が一気に上がった。不足している物資や必要としているボランティアや医療などが続々と全国から寄せられることになった。

そして、報道頻度と知名度が上がると大臣や官僚が続々と来町するようになる。すると関係省庁、県などの対応がより積極的になり、町の要望にも前向きに対処してくれるようになっていく。このように接客や渉外に時間を取られる町長の気持ちを忖度し、実務は副町長や残った職員たちが必死で支えてくれた。少年時代から野球で学んできたチームワークと適材適所の大切さが活かされ実践された。

復興のグランドデザインづくりにも力を入れた。

「次の世代に同じ悲劇を繰り返させてはいけない」

という強い思いが町長を突き動かした。その結果、被災地の中で最初に住宅地の全面高台移転を発表することになる。そうすれば津波警報で慌てて避難しなくても済むのである。

「拾った命、町と町民のために全力を尽くす」

常にその言葉が胸にあった。町長と生き残った職員たちの本当の闘いはあの防災庁舎から始まったのである。ただ単に町を復旧させるのではなく、安全・安心・快適な南三陸町づくり、それこそが犠牲者への最大の鎮魂になると信じている。

インタビューの最後に町長は、

「今でも夜中にうなされることがある」

という。あの時、屋上での水の中でもがいた同じ夢を見る。そのたびに息ができず苦しくなって大声を出し、

「お父さん、またおぼれていたよ」

と娘さんに起こされるそうである。

Interview **3**

「チクショー、みんないねぐねっちまった」

——副町長遠藤健治氏の3・11

南三陸町の遠藤健治副町長は、防災庁舎の屋上で九死に一生を得た奇跡の11人のうちの1人である。震災から4年目の2015年4月、総合復興計画が軌道に乗ったことを確認してから任期満了で退任した。

震災を挟んで8年間副町長を務めた。佐藤町長をして、

「遠藤副町長がいなかったら、これほど迅速に応急対応や町の復興計画はできなかった」

と言わしめるほど震災後の4年間、町長や職員たちと不眠不休で被災者支援や復興作業に真正面から取り組み陣頭指揮をしてきた。特に災害対策本部における実務的なことは、渉外対応に追われる町長に代わって副町長が主導した。

遠藤さんが副町長に就任したのは、旧志津川町と旧歌津町が合併した2年後の2007年4月であった。それまでは旧志津川町職員として主に企画系の仕事をしてきた。

防災庁舎（当初は防災管理棟と呼んでいた）は、1994年頃、遠藤さんが企画課長の時に建設の話が持ち上がった。1995年は町制施行100周年、町村合併40周年の節目だった。そのための記念事業として防災行政無線の整備を行うことが発案された。

その話が具体化し予算編成の最終段階にあたる1995年1月、阪神・淡路大震災が発生する。亡くなった約6300人のうち、87・8％が倒壊した家の下敷きになり、震度7の恐怖を目の当たりにした。それもあって、防災行政無線設備を耐震性の低い従来の役場庁舎に設置するのは問題があるとされた。

その後、理事者側や総務課長とも協議し、震度7にも耐えられる防災管理棟建設案を作成し、議会でも衆議一決する。予算は庁舎建設積み立て基金を取り崩して充てることになった。本来は庁舎を建て替えるための資金だったが、積立額は建設費用には程遠い金額だった。そして、想定される宮城県沖地震はいつ起きても不思議ではないといわれていた時期である。であるならば、耐震性の高い防災管理棟（防災庁舎）を建設し、そこに防災行政無線や情報システムを収容する。ついでに、職員から要望の強い会議室や書庫などのスペースも確保できる。いざという時は災害対策本部として使用できる施設とすることを考えた。

防災管理棟建設事業は総計約4億円と見積もられていた。1億2千万円程度の積立金取り崩しだけではまったく不足していた。しかし当時、防災施設整備については起債が認められていて、地方債の償還は交付税で補てんできる制度があった。本庁舎の代わりに造るのであれば、小規模でも最先端の防災設備を整備すべきという意見が多かった。

そこで、防災管理棟の地下に震度計を設置し、防災行政無線と連動させた。震度4以上の地震発生時は、夜中でも自動的に防災無線を起動させ、自動音声で「ただいま強い地震が発生しました。念のため津波を警戒してください、今後の情報に注意してください」と放送できるようにした。

さらに、一般的に気象庁の津波警報は県などを通じて届く仕組みだったが、防災管理棟建設時に屋上にパラボラアンテナを設置し、気象庁のひまわり（気象衛星）の津波警報などをダイレクトに受信し、自動的に防災行政無線で津波注意報や警報が出せるようにした。

防災管理棟の1階は会議室と催事用のオープンスペースとし、2階は防災行政無線設備、放送室、情報処理室などがあり、発災時の災害対策本部にすることになっていたので、必要な情報収集・監視カメラモニターなどがあった。3階はデータ類のバックアップシステム、非常用発電機と永年保存用資料の書庫や物入れとした。

本庁舎に隣接して建てられた防災庁舎は、八幡川に近く海抜ゼロメートル地帯だった。大潮と大雨が重なると、役場前の道路は側溝から逆流して冠水することが多かった。ただ、チリ地震津波の時は役場の浸水は2・4mだったので、宮城県沖地震の津波でも1階が浸水しても2階は災害対策本部として使用可能と考えられていた。

当時志津川町の津波想定の前提は、すべてチリ地震津波が下敷きだった。主管の総務課でも、防災庁舎屋上まで避難しなければならないほどの津波は来ないという認識だった。

合併前は危機管理課もなかったし、防災管理棟に職員は詰めていなかった。防災管理棟建設の翌年には、防災無線の戸別受信機が全戸に設置された。旧志津川町のような小さな自治体にしては先進的な庁舎であり、意欲的な防災先進事例としてマスコミでも取り上げられるなど話題になり、各地からの視察が絶えず、志津川町は一躍防災の町として名を馳せ、そのシンボルが防災庁舎であった。

その防災庁舎で多くの職員と住民が犠牲になってしまった。長年一緒に仕事をしてきた職員たちはみんな同志であり戦友だった。その仲間を守ることができなかったことに申し訳なく、ご遺族に合わす顔がなかった。


遠藤健治副町長は、1949年に志津川町で生まれた。中学一年の時にチリ地震津波(1960年)を経験している。魚市場近くにあった自宅は津波で全壊。当時はまだ津波避難場所は指定されていなかった。津波は前触れもなくいきなり早朝襲ってきた。すぐに祖父の指示で高台に避難し難を逃れた。避難した高台から見たのは津波が町を蹂躙し破壊する光景だった。

押し波は見ていなかったが、引き波が凄まじかった。将棋倒しのようにバリバリと音を立てながら家や電柱がなぎ倒されていく。このチリ地震津波で旧志津川町は41人という県内最悪の犠牲者を出すことになる。人的被害だけでなく、住宅損壊や養殖いかだなどと共に水産業は壊滅的被害を受けた。

それ以降、雨が降ろうが何だろうがチリ地震津波に襲われた5月24日を防災の日として毎年休まず防災訓練を続けてきた。

学校卒業後1967年に志津川町に入庁する。入庁後は様々な職務を経験してきたが、ほとんどが企画畑だった。2004年にスマトラ沖地震で津波が町を襲う映像を見たことがある。プーケットやスマトラ島がずいぶんやられたがその時は、

「向こうの家はきゃしゃだから流される。日本だったらあれほど流されない」

と思っていた。今から考えれば不遜な話で、なんでも経験してみなければ分からないものだ。

スマトラ沖地震の被災状況を見ながら、総務課長の時に津波は来なけりゃいいなどと勝手なことを考えていた。まさか、その7年後に自分の町が、それも副町長の時に千年に一度の大津波に襲われるとは夢にも思っていなかった。

スマトラ沖地震の翌年に志津川町と歌津町は合併する。その時は実務交渉の中心となっ

て奔走した。町の中枢業務を担ってきた40年の経験を買われ、合併後の2007年、請われて副町長に就任する。住民や職員たちからの信望も篤かった。

合併で南三陸町が誕生し、職員のゆとりが少し出てきたことと、宮城県沖地震の切迫性が伝えられ、新たに危機管理課が創設される。新設された危機管理課では、防災専従となった職員の士気は高く使命感に燃えていた。

一部の地域にしかなかった自主防災組織を全地域で結成するように働きかけ、副町長はその活動を財政面でも支援した。災害時要援護者の避難支援のために町の辻々に折り畳みリヤカーを設置。

それまではどちらかというと津波避難が主体だった訓練も、地域ごとに課題を洗い出し、地域に合わせた防災訓練を実施した。5月24日の総合訓練のほか、特色のある地域防災訓練が各地域で行われるようになっていく。万一津波災害が発生した時は、内陸部の自主防災組織がバックアップ拠点として炊き出しを行うなど、地域の特性に合わせた訓練が実施されるようになる。

そういう自主防災組織には、プロパンガスで炊ける大型炊飯器が配備された。東日本大震災時、被害を受けなかった高台の住民たちが握り飯づくりに奮闘し、避難者の食料を支えてくれた。これも真剣に地域ごとの防災に取り組んできた成果であり、震災時に住民同士の助け合いが実践されたことは南三陸町の誇りである。

3月11日午後2時46分、副町長は本庁舎2階の議場で町長の隣に座っていた。最後の議案は任期満了に伴う副町長人事案だった。それが満場一致で承認された後、副町長は「またあと4年間か」といささかの感慨もあったが、信任されたことに内心ホッとした。

「これにてすべての議案審議は終了しました。町長、閉会にあたり何かありますか」

議長の言葉に促され、町長が自席で挨拶している最中だった。

その時のことを思うと、まるで映画を見ているような気がする。新年度予算案には、重点施策として防災対策予算がいくつか組み込まれていた。そのこともあって町長は全議案承認の礼を述べた後、

「来るべき宮城県沖地震に備え、南三陸町の安全・安心まちづくりに向けて、より一層……」と言った時、「ゴーッ」という地鳴りがした。

木造の本庁舎全体が音を立てて揺れ始めた。そのうち猛烈な揺れになる。副町長は、町長や議員たちが机の下に身を隠すのを見ながら、自分はなんとか廊下に飛び出した。災害対策本部を設置しなければならないと思ったからだ。町長が行く前に下準備しなければならない。

しかし揺れはますますひどくなり、階下に降りることができない。考えられないくらい長く揺れた。「宮城県沖地震」だと思った。階段近くの議員用下駄箱が倒れそうだったの

でそれを懸命に押さえながら、一方でこんなことをしていていいのかという思いもあった。

大揺れに翻弄されながらも頭の一部は妙に冴えていて、33年前の宮城県沖地震（1978年・M7・4）の揺れほどではないと思ったりした。あの時は下から突き上げるような揺れだった。チェーンが切れ、庁舎内の蛍光灯がバタバタ落下したし、庁舎の窓ガラスがみんな割れて飛び散った。

しかし、今回の揺れでは見たところ窓ガラスが割れておらず、照明器具も落下していない。だから前回の宮城県沖地震より小さい地震かもしれないと思った。ただ揺れている時間が異常に長かった。

「長い揺れの時は津波が来る」

専門家の言葉がよぎり、津波襲来を確信する。ただ津波が来るとしても、それほど大きな津波になるとは思ってもいなかった。揺れが小さくなったので1階に降りると、廊下のロッカーなどが倒れていた。

「ともかく災害対策本部設置だ」

と気が急いた。

第一庁舎には職員たちが執務していた広い部屋の一番奥に町長室と副町長室がある。職員たちは外部へ避難したらしい。ロッカーが倒れ、一部棚が落下し書類が散乱していた。

防災服に着替え、また2階に上がり防災庁舎に入った。通路の渡り廊下も壊れていなかった。室内の震度表示盤には「震度6弱」と表示されていた。

後で考えると、防災庁舎に入ったのは午後2時49分か50分くらいだったのかもしれない。というのは、気象庁の大津波警報が2時49分、詳細発表が50分だったからである。副町長が防災庁舎に入ると同時に「大津波警報」。その1分後「宮城県沿岸の予想津波高さ最大6ｍ、予想津波到達時間午後3時」という気象庁発表をＪアラートが告げていて、それを智さんが復唱していた。それを聞いて、やはり想定通りの宮城県沖地震だと思った。たぶんほとんどの職員がみんな同じように受け止めたと思う。

だから、執行部も職員たちも緊張はしていたものの比較的落ち着いていた。この日のために何年もかけて繰り返し訓練してきたはずである。その本番がやってきたのだから訓練通り対応すればよい。

あわただしく出入りする者もいたが、40人くらいが室内にいた。6ｍの津波、想定到達時間午後3時という気象庁発表もあって、そこにいた人たちの多くが早い時間から津波の状況を見ようと屋上に登って行った。

津波が町を襲い始めた。職員に、

「用のない者、報告の済んだ者は上がれ」

と副町長が言い、町長も、

「早く上がれ」

と言った。そこで、

「町長が上がらないとみんな上がれないから上がってください」

と言うと、町長も、

「わがった、よし上がっぺ」

と出ていった。その直後だったと思う。Ｊアラートが、

「宮城県沿岸の想定津波、最大10ｍ」

と告げた。ただちに智さんが放送室にそれを伝え、その後何回か防災無線で、

「10ｍの津波が来ます」

との放送が流された。その時２階の窓から見えたのは、八幡川を黒い波が逆流している光景だった。ぞっとした。

　副町長は、

「限界だ、みんなそのままにして屋上へ上がれ」

と言って残っていた全員を避難させた。放送室に最後までいた毅さんも屋上に上がったと思う。そのあたりのことは記憶が前後していて定かではない。

副町長が屋上に上がった時、町長から本庁舎が流されたと聞かされた。とても信じられなかった。あっという間に周囲の水位が上がってきた。階段の踊り場の下で女性職員たちが悲鳴を上げていた。そのうちドバッという感じで屋上に波が来た。

「えっ」

信じられなかった。そしてしばらくすると、

「来るぞ」

「今度は大きい」

また声がした。副町長は、

「みんな波に背を向けて何かにつかまれ」

と怒鳴った。その声をかき消すように大波が襲ってきた。職員たちが円陣を組んでいる写真をあとから見せられたが、副町長はそれを覚えていない。どこにどんな風に人が集まっていたのかもよく見ていなかった。衝撃はなく、波が下から急に盛り上がってきた感覚だった。そのあと波に巻き込まれた。

副町長は水圧で身体を押され階段の手すりにぶつかった。その手すりが命の綱だと思ってしがみついた。その時、足元に企画課の加藤さんが見えた。

「加藤！　俺の手につかまれ」

と手を伸ばし、とっさに手をつかんだ。みんなが水に沈んだのは潮位が最も上がった時だったのではないだろうか。苦しくて水も飲んだ。

恐ろしかったのはその後だった。猛烈な水圧で身体全体が階段上部の鉄柵に押し付けられた。水流の来る方向に背中を向けたが、腕や脚が柵に食い込んだ。防寒着を着ていたにもかかわらず、その後1か月経っても押し付けられたところの肉が引っ込んだままで、黒あざも消えなかった。

後日談だが、震災から1週間後にイスラエルの国際医療団にレントゲンを撮ってもらったところ、町長はろっ骨骨折だったが副町長は打撲だけだった。

時折水面に顔が出た。加藤さんが手を放し沈みそうになるので、ここで死なせてなるものかと防寒着の首筋をつかんで、

「加藤負けるな」

と引っ張り上げる。加藤さんには子供が2人いる。それにこれから町を背負っていく若い職員である。今、この男を死なせるわけにはいかない。どんなに苦しくてもこの腕と鉄柵を離すことはできない。

「加藤、絶対手を離すな」

子供のためにも、奥さんのためにも頑張れ！　負けるな！　と心の中で叫んでいた。

「副町長がいなかったら私は死んでいた」

と彼は後で言っていたが、

「加藤さんがいたから必死の力が出せた。自分が助かったのは彼のおかげだ」

と副町長は今も思っている。

その頃副町長の奥さん（59歳）は、足の不自由な95歳の姑を軽自動車に乗せて高台に避難させた後、ご先祖様の位牌を取りにまた自宅に戻って引き返す途中、津波に襲われた。津波と競争するように高台まで走って間一髪助かったそうだ。

6か月前に耐震補強、バリアフリーなどを考え全面リフォームした自宅も、1000㎞しか走っていない新車のプリウスも一緒に流されてしまう。

いつもはプリウスで登庁するのだが、その日は議会最終日の打ち上げがあるというので奥さんに送ってもらったため、愛車は自宅の駐車場に置いてあった。もっとも、役場の駐車場に置いていても流されてしまっただろう。

そのあと奥さんは避難した人たちから、

「防災庁舎にいた者はみんな流された」

と言われ、人一倍責任感が強い人だから、きっと助からないだろうと、その時、夫の死を覚悟したそうである。その奥さんとは1週間後に再会することになる。

頭からつま先までずぶぬれで凍りそうだった。水が引いたあと、ポールに登っていた2人と町長と副町長の周りの踊り場にいた8人だけで、ほかの職員は誰もいなくなっていた。

「そんな馬鹿な」

何が何だか分からなかった。もしかしたら3階などに流されているのかもしれない。

「探すべ」

と言ったがみんな動こうとしない。下に向かって、

「おーい、誰かいるか」

と叫ぶが返事はない。自分より若い職員がみんないなくなった。

「チクショー、みんないねぐねっちまった」

副町長は泣きながら叫んだ。長い間一緒に喜び一緒に苦労してきた大切な仲間たちだった。みんなの家族も知っている。きっと生きている。その時はまだみんながどこかに流れ着いていると一縷の望みを持っていた。そして祈っていた。

ひりひり痛む。手のひら、腕などに切り傷があり血が垂れていた。津波が来るたびにポールに登るのだが、小雪交じりで気温が下がり手はかじかむし、ポールが血のりでぬるぬるしていた。ズボンが身体に張り付いて足が曲がらない。それでも必死で上がった。

身体は冷たく感覚を失っていた。津波は屋上すれすれまで何度か来たが、その後屋上を

越える津波が来ることはなかった。しかし、このまま屋上にいたら低体温症でみんな死ぬと思った。せっかく生き残った職員を死なせることはできない。

水位が下がってから3階に降り、火を焚いた。

副町長の携帯電話は防水タイプに換えたばかりだった。最初にベイサイドアリーナに電話して、

「津波が繰り返しているから高台避難を続けるように防災無線の子機で放送してほしい」

と頼んだ。今思い出しても電話に誰が出たか思い出せないし、放送されたかどうかも分からない。携帯はすぐ圏外になってしまう。たまに電波マークが何本か立った時にメールを打とうとした。しかし、津波に襲われた時に割れて目に刺さることを恐れて、自分で眼鏡を放り投げてしまったため携帯の文字が見えない。

仕方なく好伸さんに代わりにメールを打ってもらった。たまたまアドレスが出ていたのが議長だったので、

「副町長の遠藤です。防災対策庁舎で町長以下10人の職員が無事。救助要請をお願いします」

と打った。そのあとすぐ圏外になってしまった。後で聞くと議長はあちこちに連絡してくれたそうだが、混乱していてなかなか取り上げてもらえなかったらしいという。ただ深夜にラジオで、

「南三陸町の防災対策庁舎に10人の生存者がいるという情報がある」と報じられていたらしい。職員の家族で聴いた人がいたようだ。電池が切れるのが怖かった。ほかにも濡れなかった智さんや好伸さんの携帯が使えたようだが、それもはじめだけでしばらく経つと全くつながらなくなってしまった。それでも自分たちの無事を外部に知らせたことで少し安堵する。

最初のうちは火を見つめながら、

「流された職員はどこかに流れ着いて、生きているに違いない」

「そう簡単に死なないと思うよ」

「でも昼間の津波でよかった。夜中だったらみんな逃げきれなかったかもしれない」

「ともかく、これから先は力を合わせて我々が頑張らなければ」

などと励まし合っていた。しかし、火を見つめているうち気が付くと、いつの間にかみんな口数が少なくなっていく。考えていることは同じだった。家族はどうしているか、流された仲間は？　友人や親戚は？

そんな時、「シュー」とものすごい音を立てて波の上を走っていくプロパンガスボンベ。また、工事現場で使われる保安灯が赤い光を点滅させて流れていく。

どれもこれも見たことのない異様な光景だった。そしてヘリコプターの音がすると智さんたちが屋上に上がって松明《たいまつ》を振ったが、気づかずそのまま行ってしまう。

夜が明けた。がれきの街と化した光景がそこにあった。いきなり重たい現実が突きつけられ、何も考えることができなかった。ともかく下に降りなければならない。その時はまだ潮の満ち引きのように一定周期で津波が来ていた。間隔が約1時間周期であることが分かった。

その1時間の間に何とか降りて、高台までたどり着かなければならない。そこへ消防団員と職員が通りかかったので、防災庁舎によりかかるように倒壊している第2庁舎の鉄骨の上をならしてもらい、そこへ流れ着いたロープをつなぎようやく地上に降りることができた。

八幡橋の上にはがれきが積み重なっていた。そこを乗り越えて避難場所の志津川小学校に行こうとしたが、がれきにさえぎられてすぐには行けないとのこと。そこで林と農地を通り迂回することにした。

途中大きな農家があって、そこから人が出てきた。よれよれになった一行を見て、

「たくさんあるから飲んでください」

とペットボトルの水を渡してくれた。ありがたかった。ごくごく飲んで、ようやく生きていたという実感がわいてきた。昨日と打って変わって空は青く晴れて、まぶしい陽光が降り注いでいた。その後は残った職員と一緒に不眠不休で応急対応、復旧、復興など超人的な副町長の闘いが始まる。

Interview 4

娘の写真がなければ
——企画課加藤信男氏の3・11

防災庁舎を大津波が襲う直前、屋上で円陣の写真を撮ったのは当時企画課で広報担当の加藤信男さんだった。信男さんも屋上にいて奇跡的に助かった11人の1人である。

信男さんの自宅は志津川にあってこの震災で流失した。家族は無事だったが、奥さんのお父さんが震災翌日に持病の薬を取りに行って半壊した自宅2階で倒れ、震災関連死に認定された。

信男さんは1993年に志津川町に入庁し税務課などを経て3・11当時は企画課広報係として町の広報誌、ふるさと納税、ホームページづくりなどを担当していた。

とくにウエートが大きかったのは月刊広報誌の制作だった。取材、記事編集、写真まですべて一任されていた。本格的に表紙などの写真を撮らなければならなくなって、自前で写真教室に通い技術向上に努める努力家でもあった。

2011年3月11日午後2時46分。その時信男さんは、本庁舎1階の自席でデスクワークをしていた。地震には慣れていたつもりだったが、あまりにも大きな揺れが長く続き動転した。

危険を感じてすぐに同僚と一緒に外へ出ると、地面と電柱が大きく揺れていた。初めて地震が怖いと思った。過去いくつか大地震を経験していたが、これまでの地震とは全く違う揺れ方だった。

災害が発生すると、企画課職員は災害対策本部付きとして防災庁舎に詰め、主に情報収集・伝達にあたることになっていた。長い揺れが収まった時、信男さんの脳裏にあったのはこれほど大きな地震だから、しっかり記録を残さなければならないという使命感だった。

まず愛用カメラ（キャノン・一眼レフ）を取りに自分のデスクに戻る。書庫やロッカーが倒れ棚から段ボールなどが崩れ落ち、什器備品が床に散乱している様子をカメラに収めた。さらに時間をかけて庁舎内を一巡し、各室内の被災状況を撮った。

不思議なことに、耐震性がないといわれていた第一庁舎も第二庁舎もガラスは割れておらず、建物そのものの大きな損壊は見受けられなかった。

外に出ると、車が数台走っていたが渋滞もなく人影はまばらだった。防災行政無線が繰り返し避難を呼びかけていたので、みんな避難してしまったのかと思っていた。

その時、ちょうど通りかかった車が信男さんの前で停まった。ひょいと窓から顔を出したのは役場近くにある自宅の隣人だった。

「加藤さんちのお母さんに声をかけたけどいなかったや、もうどこかへ逃げたみたいだから、心配すんな、大丈夫だよ」

と教えてくれた。

「ありがとうございます」

まずはほっとした。3歳の娘を預けてある保育所は高台にあり、息子は小学校だし、妻の勤め先も大丈夫だろう。心配だった母親の無事を知ってひと安心できた。

そのあと防災庁舎2階の災害対策本部に入った。その頃本部には町長、副町長を中心に30人ぐらいの人たちがいて、みんな緊張しているように見えたがとくに混乱はしていなかった。信男さんは壁にかかっていたヘルメットを着用した。及川明課長補佐に、

「周辺の写真を撮っておいたほうがいい」

と言われ再度外に出た。その時すでに目の前の八幡川は底が見えるほど水が引いていた。

もともと普段は水量の少ない川だったが、地震の後だけに異様に感じ、

「津波の前触れかもしれない」

と思って何枚かシャッターを切った。明さんも降りてきて、

「引き波かな」

と言っていた。その頃もうすでに屋上には職員が大勢避難していて、津波が来たのが見えたらしく屋上から声がかかった。

「加藤！　津波が来てる、写真撮ってる場合じゃない、急いで上がれ」

と。そこへちょうど現場から帰ってきた職員２人がいたので一緒に階段を駆け登り、屋上に出た。屋上には思った以上の人数がいた。たぶん40人以上はいたと思う。

すぐ海側のフェンスに寄って海の方にカメラを向けた。１００ｍ先くらいの住宅の屋根が傾いて動いている。本庁舎の屋根越しに向こうの市街地で幅広く黄色い煙のようなものが上がった。

「津波だ、堤防を越えている！」

という声が聞こえた。本能的にシャッターを押した。

最初は想定通りの津波が来たと思っていたし、まさか防災庁舎を越える大津波が押し寄せるとは思ってもいなかった。屋上のふちを回りながらオートにしてシャッターを続けざまに押した。どんなショットが撮れるか分からないが、ともかく悔いが残らないように枚数だけでも稼いでおこうと思っていた。

その頃には防災庁舎周辺で住宅の流失が始まり、八幡川を黒い波が逆流していた。ファインダー越しに見ていたのであまり恐怖感はなかった。そして時間の感覚もぼやけているが、その後起きたことは極めて短時間のうちだった。

本庁舎の赤い屋根が破壊され濁流に引き込まれていき、周辺にあった商店、住宅街の屋根、電柱や防災無線のハンザマストが次々に倒れ流されていく。総務課長の自宅が流されていくのも見た。カメラ越しに見ていたせいかそれでもまだ身の危険は感じていなかった。

本当に身の危険を感じたのは波が屋上を越えてきた時だった。ファインダー越しに波が屋上の角にぶつかってしぶきを上げるのが見えた。これはまずいと思った。

ファインダーをずっと覗いていたので周囲が見えていなかったため、いきなり来た黒っぽい波に足元をさらわれバランスを崩しあおむけに倒れた。それでも信男さんはカメラを濡らさないように上に上げそして離さなかった。

こうなったら最後だ撮れるだけ撮っておこうと片腕を伸ばし、夢中で角度を変えながらシャッターを押し続けた。その中の一枚が「屋上の円陣」のショットだった。信男さん自身、円陣の様子や職員たちを見ていなかった。

震災後、パソコンでその写真を見てショックを受けた。津波をカメラで捉えることができることでアドレナリンが出ていたのかもしれない。住宅などが流されるところばかりを夢中で撮っていて、ほかの職員たちの行動はほとんど自分の目では見ていなかった。

自分が写した円陣でみんなが助け合い、若い人や高齢の住民を守ろうとして最後まで頑張っていた。カメラを向ける前から彼らはこうした準備と行動をしていたのであろう。

必死で円陣を組んでいる職員たちの姿を見て何度も泣いた。総務課長、議会事務局長、企画係長たちが写っていた。みんながみんないい人たちだった。いろんなことを教えてもらったし、ずいぶん助けてもらった。大事な先輩であり大切な仲間だった。あの人たちにもう二度と会うことができない。

津波の流れに足を取られ、水の中に仰向けに倒れた信男さんはなんとか起き上がった。そこは海側と反対側だった。これはもう想定していた津波ではない。もっと大きい波がやって来るかもしれない。背中やズボンが濡れている。屋上はもうひざ上まで浸水していた。何としてもカメラだけは守りたい。

「自分が死んでも、この記録だけは残そう」

と決意した。カメラストラップを首にかけたまま防寒着の前を外し一番内側にカメラを押し込んでファスナーを閉めた。自分に何かあっても写真は残るかもしれない。残されなければならない。（結局カメラは濡れてダメになったが、ＳＤカードのデータが全部残っていて屋上の円陣の写真が日の目を見ることになる。）

「来るぞ」

「つかまれ」

という声がした。しかし周囲を見回してもつかまる場所がない。いきなり横から大波が襲ってきた。ざーという音と共に身体が巻き込まれ流された。その時、

「加藤、俺の手をつかめ！」

と遠藤副町長の声に手を伸ばすと、がっしりと大きな手が鉄柵の方へ引き寄せてくれた。

「絶対離すなー」

という声を聴いた後水中に引き込まれた。水圧で体は腰を支点にエビ反りになった。体を起こそうと思ったが起こせなかった。それほどの水圧だった。そして水位がどんどん上がる。激流にさらされ、沈み、水を飲んだ。息ができない。苦しくて何度も水も飲んだ。こんな状態がいつまで続くのか。

その時、子供や家族のことを思った。ここで死んではいられない。頑張れるだけ頑張ろう。正面からの水圧で身体が鉄柱に押し付けられ、がれきのようなものが顔にゴンゴンとぶつかった。視力は0・1なのでつけていたコンタクトレンズの片方が流されてほとんど見えない状態になった。

「もうだめだ」

水流に負けて手が離れると、

「加藤がんばれ、ほれ」

副町長が胸倉をつかんで引き上げてくれた。生死の境を何度も行き来した。あの時副町長が傍にいなかったら、もし副町長と1m以上離れていたら信男さんは生きていなかった。副町長は片手で階段の手すりをつかみ、もう一方の手で信男さんの手や胸倉をつかんでくれた。命の恩人だった。

時々水面に顔が出たようだが、その後はもう何が何だか分からなくなった。水没していた時間はたぶん2分から3分くらいだったと思うがとても長く感じた。気が付くと水が引いていた。ずいぶん水を飲んだ気がする。ずぶぬれで全身の震えが止まらない。呆然としていると、

「みんないねぐねっちまった。チクショー」

と叫ぶ副町長の声が聞こえた。絞り出したその声には悔しさと怒りがあふれていた。不思議な感じだった。あんなに大勢いた職員たちはどこへ流されたのかと思った。津波が来た時にその人がどこにいたかで運命が変わる、人の生死は紙一重だということを思い知らされた。

その後、数時間ごとにザ～と音を立てて波がやってくる。気配がするたびポールにつか

まった。屋上にはアンテナのポールが2本あって、最初は智さんたちがいた太いほうに7人、細いほうに3人が登った。

余震なのかポールが揺れる。下を見ると濁流が流れている。その時初めて恐怖を感じた。しかし、靴も脱げていてすでに低体温症になっていたのかもしれない。頭がぼうっとして息苦しく身体は鉛のように重く動こうとしても動けない。

それを見た町長や副町長が、

「加藤！　がんばれ」

「死ぬぞ、負けるな」

と気合をかけ、体を起こして何度かポールにつかまらせてくれた。3階に降りた後も、

「津波だ！　屋上に上がれ」

と言われたが、もう動ける状態ではなかった。

「もう動けないので、おいていってください」

と頼んだ。それでみんなが屋上に上がる時は信男さんを防災庁舎の隅の鉄骨に連れて行き、

「柱につかまれ、何があっても絶対手を離すなよ」

と言われ鉄骨にロープを巻いてつかめるようにしてくれた。壁で強度が保持されている防災庁舎は鉄骨だけになったためか、津波が来るとぐらぐら揺れ、漂流物がぶつかるたびに

衝撃が伝わってきた。

その頃は家族の無事を知らなかったので、この屋上まで津波が来ているならどこへ避難していたとしても家族は流されてしまったかもしれないと思った。3階の隅から下を見ると黒い波が勢いよく流れている。もうどうでもいいという気になって、

「あー、今手を放し、あそこへ落ちてしまえばきっと楽になれるにちがいない」

そんなことを考えた。もう耐えられない、ただ飛び降りるだけでこの苦しさから逃れられる。

「ここまで頑張ったから、もういいだろう」

と思った。その時ジャンパーのポケットの携帯電話を思い出した。最後にメール着信を確認しようと思ったが濡れていて使えなかった。携帯にはストラップ代わりにロケットペンダントがついている。開くと娘の写真が出てきた。笑っている娘を見た時、なぜかきっと生きている、息子も妻もみんな生きているに違いない。願いが確信に変わった。

「ここで俺が死んだら娘が可哀そうだ」

と泣けてきた。

「よし、生きよう。何があっても生きるんだ」

自分に気合を入れた。すると少し前までの投げやりな気持ちは失せ、

「自分が死んだら家族が路頭に迷う」

という気持ちになり、不思議に勇気が湧き上がってきた。それからは動かない身体をさすりながら少しずつ体を動かしていった。

後から聞くと、娘の通っていた保育所は園庭まで津波が来たが、山を伝って高台に避難し全員無事だったという。

翌朝、鉄骨に絡んだ漁網などを伝いがれきが重なる地上に下りた。家族と再会してほっとして緊張の糸が切れた。そしてずいぶん水を飲んだせいか、しばらく体調がすぐれなかった。

結局カメラを確認できたのは震災から10日後だった。無事だったデータを見ると犠牲になった上司や行方が分からない同僚が写っていた。

3月末、町は信男さんが屋上で撮った写真のうち6枚をホームページで公開した。ご遺族たちに配慮して、人物が写っていないコマに限ってアップした。

撮った写真は信男さんの手元を離れ、今町が管理している。複雑な思いはあるが今後の津波防災の参考にしてもらえたらと思っている。そのあと、信男さんは助かった職員と共に応急復旧・復興の前線に立ち続けた。

Interview **5**

あと20日で定年だったのに

――総務課佐藤徳憲氏の3・11

佐藤徳憲《とくのり》総務課長は、2011年3月末で42年間勤めた上げた南三陸町を定年退職する予定だった。つまり、あと20日で定年という時、東日本大震災が発生したのである。

その日その時は定例議会の議場に詰めていた。町長、副町長、教育長の三役の後ろの席だった。来年度予算が原案通り可決され、徳憲さんはほっとしていた。議事がすべて終了し議場内の空気が和らいだ頃、町長の最後の挨拶が終盤に差し掛かった時だった。前触れもなく突然の揺れに見舞われた。最初は小さい揺れと思ったがすぐ大揺れになった。

徳憲さんは、1978年の宮城県沖地震（M7・4）や2005年の8・16宮城地震（M7・2）などの地震を経験してきたが、この日の揺れは経験したものとは異なり横揺れが長く続いた。2日前にも宮城県沖を震源とするM7・3の地震が発生していたが、その時南三陸町は震度4だった。この揺れ方だと震度6以上だと思った。

「とうとう宮城県沖地震が来た」

と思った。本庁舎は古い木造で2階の議場は柱が少なく、ギシギシと音を立てて今にも倒壊しそうだった。町長や議員たちはすぐに机の下に身を隠した。徳憲さんも机の下に入った後、揺れが収まってからそのまま1階に降りた。

椅子に掛けてあった防寒着を背広の上に羽織った。地域防災計画では本庁舎2階に対策本部を設置することになっていたが、とりあえず防災情報の集まる防災庁舎2階の危機管理室に行った。そこにはもう副町長がいて、そのあとすぐ町長たちも入ってきた。智さんがJアラートの、

「14時49分、気象庁発表、宮城県沿岸に大津波警報」

続けて、

「津波予想高さ6m、津波の予想到達時間午後3時」

を復唱していた。電話も携帯も使用できない状態で、なぜかテレビもつかないという。ラジオはないのかと聞くとないという。

そこでラジオを持って来ようと役場に隣接する自宅に戻った。寝室でいつも聴いている携帯ラジオを持って出ようとすると、奥さんの節子さんが出てきた。

「津波の第一波は3時だ。早く逃げなさい」

と言うと、

「今から逃げても途中で津波がくると怖いから、２階に上がっている」

と答えた。そうかもしれないと思ってそれ以上言わなかった。

後でもっと強く志津川小学校に避難するように言えばよかったと悔やまれてならない。それが夫婦の今生の別れとなるとは夢にも思わなかった。

徳憲さんは、総務課長として定年を迎えるまで教育委員会を皮切りにほとんどの部署を経験してきた。課長職も産業振興課、生涯学習課などなど。１９６９年４月、高校卒業と同時に旧志津川町に入庁。最初に配属されたのが教育委員会だった。

その上司だった3歳年上の節子さんと、徳憲さんが22歳の時に職場結婚する。同僚たちがうらやむほど仲のいい夫婦だった。節子さんはその３年後、長女の出産と同時に退職した。長女、長男、次男の三人の子どもに恵まれた。長女は涌井町に嫁いでおり、長男は栃木県宇都宮市に住んでいた。震災の時に同居していた家族は節子さんと次男との三人暮らしだった。

役場の隣にある自宅は、節子さんの実家が持っていた畑に結婚時に建てた家を、震災の前に改修増築したばかりだった。改修は定年老後を見据えバリアフリーに、そして息子の結婚に備え２家族が住みやすいようにするものだった。

次男は町内のホテルに勤めていて毎日気仙沼から魚を運ぶ仕事をしていた。車は自宅駐車場に2台あって、節子さんが逃げるつもりならいつでも逃げられたはずであったが、チリ地震の経験が仇になったのかもしれなかった。

節子さんが中学1年生、徳憲さんが小学校5年生の時にチリ地震津波を経験していた。役場の前にはそのチリ地震津波が到達した水位の表示板があって、そこには2・4mと書かれていた。あのチリ地震津波でも2・4mだったのだから2階に逃げれば助かると思っていたのだと思う。

徳憲さんは志津川町時代に総務係長も経験していて、当時は総務が消防団や防災を担当していた。そのため宮城県沖地震の被害想定も熟知しており、節子さんに話したこともあった。それに訓練の時は避難場所に避難していたはずである。

もしかしたら、大きな犬が2匹いるので避難所に行くのを遠慮したのかもしれないし、それほどの津波が押し寄せるとは思わなかったのだろう。

徳憲さんでさえ、まさかその数十分後に15・5mもの津波が押し寄せ、自宅が流され防災庁舎の屋上まで水没するとは考えもしなかった。

防災行政無線の放送が流れ避難を呼びかけていた。徳憲さんが自宅から持ってきた携帯ラジオは貴重な情報源になった。アナウンサーが緊迫した口調で繰り返し大津波警報を伝え避難を促していた。ただ、ラジオは全体の情報ばかりで地域の被災状況などの放送はない。それでも消防副署長や警察署員が本部に駆け付けると、彼らの無線で地域情報が入ってくるようになった。

「用のない者は上に上がれ」

と副町長の言葉を機に多くの職員が屋上に上がっていった。津波の到達が予想された午後3時過ぎになると、町長と一緒に職員たちも次々と屋上に上がっていった。

そして午後3時14分、Jアラートと同時にラジオが、

「気象庁は宮城県沿岸の予想される津波高さは10mと発表」

と報道する。最初の津波予報6mは想定内だったが、10mは聞いたことがない大津波だ。もう被害想定をはるかに超えている。本当にそんな高い津波が来るものなのか。だとしたら改築したばかりの自宅2階も危ないかもしれない。

しかし、対策本部員として自宅のことを顧みている余裕はなかった。それにその時はまだ半信半疑だった。いつものように気象庁の予報は空振りではないのか。空振りであってほしい。祈るような気持だった。

防災庁舎の階段は海と反対側の西側にあり、眼下の第二庁舎と駐車場に隣接するように徳憲さんの自宅があった。階段を上って屋上から見下ろすと、黒い津波が八幡川の方から

押し寄せていて2mほどの波が来ていた。自宅の1階が半分くらいまで浸水しているようだ。女性職員が、

「奥さんは逃げたの」

と言うので、

「まだ2階にいる」

と答えた。

「徳さん、奥さんは？」

と町長からも同じように聞かれた。

リフォームをした時に増築した2階の窓に妻の姿は見えない。そのうちみるみる水位が上がり波状的に黒い波が来た。そして、隣の南三陸クリニックの建物が流されたと思ううち、あっという間にその建物が自宅に衝突した。

ガシンという音がして自宅の2階の屋根が少し傾いて増築した棟と古い棟が二つに分断された。そして黒い波と共に自宅は流されていった。

徳憲さんの隣でフェンスに乗り出すように女性職員が2人、

「せっちゃんが、流されるー」

「せっちゃんー」

「だめー」

と悲鳴を上げた。家の中には2匹の犬と妻がいるはずだった。徳憲さんは何もしてあげられない自分が情けなかった。唇をかみしめて自宅が見えなくなるまでじっと見つめていた。その時はまだ妻は流されてもどこかに家ごと漂着していると思っていた。

その直後だった。徳憲さんが振り返ろうとした時、いきなり左側面から波が来た。反射的に階段上部の白い手すりにつかまるが、このままだと流されると思って15㎝ほどの鉄柵の間に足を差し込んで絡めるようにした。

すごい水圧だった。メガネが吹っ飛び、これでもかこれでもかと次から次へと波が来た。流されていく自宅を思い、妻を思った。全身が水中に没し、手すりにしがみつき、息を止めていたが苦しくなって何度も水を飲んだ。水面に顔が出る瞬間もあって足を引き抜こうとしたが水圧のせいか抜けなかった。

あの時、何かが顔や体にぶつかったが、ガスボンベなどがぶつかっていれば助からなかった。

どのくらいの時間が経ったか分からなかったがたぶん2〜3分だったのかもしれない。それは気の遠くなるように長く感じた。気が付くと屋上から水が引いていた。隣にはずぶぬれの町長と副町長がいて、

「徳さん、大丈夫か」

と言った。むせながらうなずいたが、メガネが飛ばされ周りがぼやけて見えた。鉄柵の周りに8人、ポールに2人いるほか、50人以上いたはずの職員たちは誰もいなくなっていた。

「○○！」職員の名前を呼んでも返事はなかった。

今起きたことが本当のことなのか信じられなかった。妻のこともあったが、40年間一緒に働いていた仲間が流されてみんないなくなってしまったこともショックだった。それでも妻や職員はどこかに流れ着いて助かっているかもしれないとも思っていた。

濡れた身体が冷たく重い。下着やズボンが体に張り付いていた。日が暮れるにつれて、さらに冷え込んできた。このまま気温が下がればみんな低体温症で死ぬかもしれない。誰言うともなしに走ったり

「押しくらまんじゅうだ」

とスクラムを組んだりして「わっしょい！　わっしょい！」とやった。しかし、濡れた身体はあまり温まらなかった。階段に積み重なったがれきを乗り越え3階に移動する。焚き火の暖かさで生き返った気がしてありがたかった。下着、ワイシャツ、背広、防寒着と順番に乾かした。火に近寄りすぎて低温やけどを負った人もいた。

身体が温まるとようやく人心地がついた。携帯は濡れて使い物にならなかった。使えた

のは副町長の防水携帯と濡れなかった職員2人のものだけだった。それもなかなか通じず、すぐに圏外になってしまう。徳憲さんは0・1の視力しかないので周りがぼやっとしか見えない。時々町長の眼鏡を借りて周りを確認した。町長は津波が来た時、壊されないように眼鏡をポケットにしまったそうだ。

夜が明けると、町の惨状があきらかになりみんな声もなかった。徳憲さんの自宅はおろか見渡す限り何もなく、がれきの街と化していた。それでも波が引いた時だけ黒く道路が見えた。徳憲さんの時計で計るとその周期は1時間くらいで、引いている時間は30分ほどである。その間に高台まで行かないと津波に巻き込まれる恐れがあった。

波が引いた頃を見計らって智さんがロープを巻きつけ、2階まで降りロープを張ってもらった。その後は駆けつけた職員に助けられながら降りることになった。総務課の同僚で手の不自由なYさんはとても降りられそうもなかったので、

「降りるのは大変だろうから、君はここへ残れ。すぐにヘリで迎えに来るから」

と徳憲さんが言うと、

「課長、私も一緒に連れてってください」

と言うのでみんなが手助けしてようやく全員地上に生還した。そして、急いで高台を目指す。片手の不自由なYさんと目が見えず足を引きずる徳憲さんの二人は腕を組んで、互い

に声を掛け合いながら歩いた。

民家の近くに来た時、ようやく助かったと思った。その時になって初めて足を怪我していることに気づいた。志津川小学校校庭にはたくさんの避難者がいた。足の痛みが強く歩けないようになっていた。

町長たちにベイサイドアリーナに行って対策本部を立ち上げると言われたが、歩けないのでここの避難所運営を手伝いますと申し出た。4日間そこにいた。町内の開業医が医務室を設置していたのでそこで手当てをしてもらった。幸い骨折はしておらず打撲と診断された。

節子さんはずっと行方不明となっていたが、5月頃、松原海岸付近で発見されていたらしく、ご遺体は翌年のＤＮＡ鑑定で節子さんと判明する。火葬されお骨になった愛妻と1年ぶりの哀しい再会だった。

徳憲さんは、

「次男が無事だったのが救いですが、妻を失ったのになぜか悲しみを実感することができない。何しろ総務課の部下が7人も行方不明になっていたから。なかには1年目の新人もいて、ご家族に申し訳ない気持ちでいっぱいで、妻のことだけを悲しむことができなかった」

という。

徳憲さんは震災の年の3月末が定年だったが、町長たちの懇請を受け任期を3年延長することになる。副町長や生き残った職員たちと共に復興計画作成、復興予算の積算、復興庁との交渉などの作業を主導した。仕事に没頭していても、妻のことは片時も忘れることはなかった。家で一人になると寂しさが募って涙がこぼれた。

疲労も蓄積されていた上に震災後も修羅場だった。経験したことのない業務というだけでなく膨大な業務量だった。

南三陸町の年間予算は通常80億円程度だが、震災の翌年度からは2500億円という、一挙に30年分の予算を1年で消化し、事業を進めていかなければならなかった。他の自治体から派遣される応援職員も来てくれたが、実務遂行は自分たちの責任なので弱音は吐けない。仕事のできる中堅幹部の多くが犠牲になった上に、身の丈を大幅に超えた事業をこなさなければならなかった。

財務会計を担う総務課長は毎日が想像を絶する闘いの連続だった。それでも復興計画が緒に就いた2014年3月、3年遅れの定年退職を迎えた。志津川町と南三陸町で通算45年間の行政マン人生だった。定年後の今でも時折買い物や車の中で一人になった時、ふと妻を思い涙する毎日である。

Interview 6

お前もポールに登れ
――町民福祉課阿部好伸氏の3・11

阿部好伸さんは、防災庁舎屋上でポールによじ登っていて助かった人で、奇跡の11人のうちの1人である。電算関係の学校卒業後、医療機器を扱う民間企業に4年間勤務した。その後2003年から志津川町に入庁。歌津町と合併して南三陸町になっても主に情報処理関係の仕事に従事した。

家族は父母と奥さんと子供2人の6人家族。奥さんは学校の先生をしており、自宅は高台の旭ヶ丘団地だったので今回の震災では自宅も家族も全員無事だった。

3・11の時は本庁舎1階にいた。好伸さんは当時企画課に属し、企画情報係として主に情報システムの維持管理、ホームページ、住民向けのメール送受信の仕事も担当していた。

揺れが始まった時、これは大きいと思った。庁舎がギシギシと音を立てて揺れた。棚やロッカーが倒れ机の上にも書類などが散乱する。本庁舎は古い木造なので震度6強で1階は倒壊するといわれていた。

同僚と一緒によろめきながら外へ出た。地面が揺れアスファルトが割れて動いていた。周りの電柱と電線が今にも倒れそうなくらい大きく揺れている。あちこちでガタガタという音や瓦が落ちる音がしていた。しゃがんで揺れが収まるのを待ったが、ずいぶん長く感じた。

揺れが収まってから庁舎内に戻り、パソコンやシステム系の被害状況を見て回った。総務課、企画課でキーボードやモニターの転倒落下などがあった。そして2階に上がり、防災庁舎内にある情報処理室に向かった。防災庁舎内は危機管理課、放送室、情報処理室に区画されていた。

及川課長補佐と情報処理室のドアを開けて愕然とする。頼りのサーバーがラックごと倒れ、UPS（無停電電源装置）の警報音がピーピーと鳴っていた。何とか正常にシャットダウンができないかと思ったが、電源が落ちていることもあり思うに任せなかった。

発災時には登録している住民あてにメールで災害情報を発信することになっていた。しかし、光回線が使用不能では発信をあきらめなければならなかった。万事休すであった。

その時、防災行政無線の放送が聞こえた。南三陸町は合併前から防災無線の戸別受信機が設置されていたので、災害情報や避難情報は外部のスピーカー放送と合わせて戸別受信機で住民に伝えられると思った。

その日は町のホストコンピュータを管理している業者も来ていて、一緒に情報処理室の被害を確認してもらい記録した。床にだけ固定してあった機材が倒れ、上下で固定してあった機材は倒れていなかった。

好伸さんはその後、同じフロアの危機管理課に行くが、ほとんどの職員が避難したらしく、もう副町長など数人しか残っていなかった。10mの津波が来るからみんな上がれと言われ、好伸さんが階段を上がる時はすでに八幡川だけでなく、どす黒い波ががれきとともに町中を浸水させていて、どこが道路か分からない状態になっていた。

屋上には人があふれていた。パラボラアンテナや無線機材が置かれていない場所は隙間もなく、ほとんど満員状態だった。海の方を見ると波が堤防を越えたのだろうか、海岸近くの街に黄色い煙が上がった。かなり広い範囲に思えた。

階段上部の踊り場でどうしようかと迷っていたら、防災行政無線のアンテナポールに登っている人がいた。その人と偶然目が合った。危機管理課の智さんだった。智さんは高いところから遠くの状況を確認するために上がっていたようだ。すると智さんが、

「好伸、お前も登れ」

と言ってくれた。その言葉に、あそこからだともっとよく見えるかもしれないと思った。そして迷わずコンクリート架台に上がり、電線留め具に足をかけポールの中ほどに登った。そして白い配電ボックスに足を乗せることができた。

智さんは自分に場所を空けてくれるようにさらに上に上がってくれた。あの時、智さんが声をかけてくれなければ自分は生きていなかった。命の恩人である。

震災からずいぶん後だったが、同じ企画課の信男さんが撮影した写真を見て驚いた。智さんと一緒に登っていたポールの根元に職員たちが円陣を組んでいる姿が写っていたのである。女性や若い職員を真ん中にして、周りから管理職の人たちが両手を広げ、みんなを必死に守ろうとしている写真だ。

仲間が頑張っている姿に涙が込み上げた。円陣を組んだ人たちの上にかすかに見えるのが好伸さんの足のようだ。後から思い出しても真下の円陣のことは記憶にない。自分が登った後に円陣が組まれたのだろうが、ポールにしがみつくので精一杯だったのかもしれない。

そのあと大波が屋上を覆いつくした。そして急流のような流れが渦を巻き、足元を通り過ぎて行った。恐怖で目が開けられなかった。気が付くとズボンのひざまで濡れていたが上半身のジャンパーは濡れていなかった。靴の中にも冷たい水が入っている。

満員状態だった屋上には誰もいなかった。キツネにつままれたような気がした。屋上で助かったのは10人だけだった。背筋が震えた。その後、津波の第二波、第三波に怯えながらポールに登ったり下りたりしていた。壁がなくなり鉄骨だけになった防災庁舎のポールはいつも揺れていた。

日が暮れてから3階に降り火を焚いた。タバコを吸う好伸さんのジャンパーのポケットに入っていたライターが役立った。残っていたタバコも喜ばれた。携帯電話が濡れていなかったので、妻と連絡しようとしたが最初はほとんど圏外か、通じても「ツーツー」という音しかせず通話もできなかった。

夜になり、パケット通信が使えるようになって妻に無事を告げることができ、ようやくホッとする。

翌朝、津波の満ち引きの間隙を縫って地上に降り、がれきの中を歩いて志津川小学校にたどり着く。その後、志津川高校の避難所運営の合間に自宅に立ち寄り、父母と子供たちの顔を見て泣いた。学校で生徒の安否確認などに当たっていた妻と再会するのは1か月以上も経ってからだった。

町の被害状況、被災者名簿、罹災証明のためにも流失した住民台帳などのデータ回復が至上命題になっていた。町のデータは防災庁舎の3階でバックアップをしていたが、水没して使用不能。好伸さんたちはホストコンピュータの管理業者がバックアップしてあったデータやサーバーを不眠不休で復旧させ、3月末には罹災証明発行を可能にした。

その後しばらくは、防災庁舎を遺構として遺すか解体するかが町を二分する論議となった。あなたはどう思いますかと報道関係者からよく聞かれたが、亡くなった仲間や遺族のことを思うと軽々なことは言えない。いつも「半々です」と答えてきた。

Interview 7

生死を分けたその時の居場所
――企画課及川明氏の3・11

3月11日、企画課長補佐の及川明さんは、本庁舎1階奥にある副町長室横のモニターで町議会の様子を観ていた。無事来年度予算が成立し、ちょうど佐藤町長が最後の挨拶をしている最中だった。ぐらっと身体が揺れたと思ううち音を立てて大揺れが来た。「これは大きい」と思った。震度6以上かもしれない。

棚からものが滑り落ち、書庫やロッカーがバタバタ倒れる。古い木造の本庁舎は耐震性が低い。同僚と一緒にすぐに外へ出た。周囲の建物や電線が大きく揺れていてなかなか収まる気配がない。とても長く感じた。その時、携帯電話を持っていたが、緊急地震速報を聞いたという記憶はない。

明さんは1962年歌津町生まれで、大学の工学部卒業後、民間企業を経て1991

年に歌津町に行政職として入庁する。主に庶務的な業務をこなし、2005年に志津川町と合併し南三陸町となって防災行政無線のデジタル化など企画課で情報推進係、町づくり推進係などを歴任してきた。

東日本大震災で歌津の自宅は流失したが、幸い家族は全員無事だった。母親は老人会で高野会館に行っているのを知っていたので、あそこは鉄筋コンクリート造りの5階建てだから大丈夫だと思った。大学生の長男は東京にいて、妻は高台にあった志津川中学校の教師をしていて勤務時間内。

心配だったのは中学三年生の次男だった。翌日卒業式なので、学校が早く終わってその時間は自宅にいるはずだった。しかし後で聞くと、次男は卒業を控え友人たちと学校の屋上で話したり写真を撮ったりしていたという。

家族と再会したのは震災から2日目だった。心配をかけていたのは明さんの方だった。当初流れた情報では、防災庁舎にいた職員全員が行方不明と言われていたそうである。

ようやく揺れが収まって戻ると、企画課の中は惨憺たる有様だった。議場から降りてきた町長に職員が防災服を渡していた。コンピュータ関係の緊急対応を優先しなければならない。情報システムやイントラネットのシャットダウンをしようと何回か試みたができなかった。また、町内3か所に設置されていた情報カメラの録画をかけようとしたがこれもダメだった。

部下の好伸さんとちょうど来ていたコンピュータ業者の社員と一緒に、防災庁舎2階にある情報処理室に駆け付けた。ドアを開けるとＵＰＳ（無停電電源装置）のアラームが鳴っていて電源が落ちていることを知らせていた。

転倒防止対策がしてあったはずなのに、いくつかのサーバーが倒れていたのがショックだった。こっちでも正常なシャットダウンはできなかった。住民情報系サーバーは大丈夫だったが、送受信ができなかった。回線は自治体向けの光自営線（光ファイバー高速通信網）がダウンしていたのかもしれない。

情報システムの応急対応と状況確認を済ませ、同じフロアにある危機管理課に行った。多数の人が出入りしていた。屋上で町の様子を見るために階段を上っていく人。総務課の職員は公用車を高台に移動してきますと言って階段を駆け下りていった。危機管理課が事実上の災害対策本部になっていた。

部下の三浦洋さんと共に持っていたカバンをタオルでくるみ、危機管理室のロッカーの上に置いた。その時はまだ2階まで津波は来ないと思っていたからである。当時企画課は8人態勢だった。発災時は危機管理課、総務課と共に企画課も本部詰めと定められていた。

マニュアルで企画課は、情報収集や住民などからの電話応対にあたることになっていたが、しばらくいたものの電話や携帯が通じないため、情報収集もできず住民からの電話もなかった。

電話が通じなかったため、水門や陸閘閉鎖の報告は最初の頃は職員の駆け込み通報と個人の携帯メールだったような気がする。そのたびに「よし」と言って壁の管理地図の赤ランプを点けていった。

テレビは映らず情報系で使えたのは県の防災系のファックス、Jアラート、気象情報システムだったと思う。防災行政無線は放送されていたと思うが詳細に聞いた記憶がない。それでも2時50分過ぎには「6mの津波、第一波が3時に到達」という情報はみんな共有していた。

企画課で広報を担当している加藤信男さんに周辺の被害写真の撮影を頼んでから、渡り廊下を通って第2庁舎に行った。暗くならないうちに必要になるものを集めておこうと思った。懐中電灯やラジオはないかと産業振興課の人と一緒に探してもらったが見つからなかった。仕方なく外へ出ると、ヘルメットは被っていたが青いジャンパーだけだと寒かった。最初、車は渋滞気味だったがしばらくすると解消していた。

信男さんが八幡川を覗き込むように写真を撮っていた。水が多い季節ではなかったが、干潮時より水位が低いように感じた。後から考えるとあれが引きはじめだったのかもしれない。その頃には屋上に多くの人が上がっていて、

「津波が来るぞ、早く上がれ」

と上から声をかけてくれた。

そこへ現場から職員たちの車が戻ってきた。教育委員会などの職員たちだった。避難完了だか水門閉鎖だかの報告に来たというから、

「津波が来るというのに、なんで高台に行かないのか」

と言っているうち、屋上から口々に、

「早く上がれ、津波が来た！」

と大声で怒鳴っている。もう津波が見えているのかもしれない。そこで信男さんたちと一緒に階段を上がった。途中八幡川を見ると、さっきと違いどす黒い津波の先端が押し出すように遡っているのが見えた。

屋上には大勢人がいた。ポールの上にいた危機管理課の智さんに、

「智見えっか？」

と町長が声をかけていた。智さんが、

「よく見えないですが、津波が来てます」

と答えていたようだった。屋上にはパラボラアンテナや様々なボックスが置いてあった。

人の合間を縫ってフェンスに寄って写真を撮っていると、２００ｍくらい先で煙のようなものが上がった。津波が何かを乗り越え破壊したのだろうか。住宅の屋根や電柱が傾いて流れていく。

全く非日常の光景が繰り広げられていた。背筋がぞっとした。これなら歌津の自宅も流

されると思った。アンテナの下には泣きながらしゃがみこんでいる女性職員たちもいた。できるだけ人が少ない方へ移動した。そこが外階段上部の白い鉄柵の近くだった。

その時、副町長が叫んだ。

「来るぞ！　波に背を向けろ」

その声にパッと振り返ると同時に波が来た。水圧で身体が柵に押し付けられた。無意識に手すりにつかまった。後で信男さんが写した円陣を組む職員たちの写真を見たが、あれが屋上に来た1発目の波の時だったのだと合点した。そして次の津波まで少し間があった。

「今度は大きいぞ」

誰かの声がしたかと思った瞬間、2発目の大波が来た。息を止めて耐えた。波は全身を包んだあと間髪を入れずに次々と波状的に襲ってきた。ただ波の上に少し空洞があって一瞬だったが顔が出ることもあった。しかし大波が続いている時は苦しくて水を飲んだ。

ヘルメットは被っていたが顔や体にガツンガツンとがれきのようなものがぶつかる。あとで考えると養殖用のロープが波ではじかれていたもののようだった。ものすごく長く感じた。やばい、このままだと死ぬかもしれない。いっそのこと手を放して泳ごうかと思った。

その時、波の下で「うーっ」というようなうめき声を聞いた。よくみると、手すりの下の隙間に挟まっている人が見えた。無意識に体が動いて手を伸ばし脇の下から持ち上げた。そして、手すりにつかまらせた。同じ企画課のＹさんだった。後で聞くと、自分では脇の下に手を入れて持ち上げようとしたつもりだったが抱き上げたところは首だったらしい。

そんなことをしているうち、手を放して泳ぐことを断念していた。もし、手すりから手を放していたら助からなかったかもしれない。Ｙさんがいたから自分は生き残れたのだと思っている。水中にいた時間はずいぶん長く感じたが実際には1分程度だったのではなかろうか。

水が引いた後、あれだけいた仲間がいなくなっていた。ポールの２人と階段上部の８人だけしか残っていない。

「あれ、どこに行ったんだ」

というのが最初の実感だった。フェンスがなぎ倒され他に誰もおらず、みんな流されたことは一目瞭然だったが、

「おーい、○○！」

と呼んだり、副町長は、

「みんなで探すべ」

「チクショー」

と叫んだりした。あの時思ったのは、居場所だと思った。生死を分けたのは2発目の大津波が襲った時にいたその人の居場所だった。外階段の最上部踊り場にいなかったら自分も生き残れなかっ

た。外階段の方に行ったのは特段意味もなく、できるだけ人の少ない方に移動しただけである。

　ポールに登って助かった２人も、登る前に津波に襲われていたら助かっていなかっただろう。あんな時は生き残るための法則なんかありはしない。ほんのわずかのタイミングと居場所だけだった。居場所が生き場所だった。

　翌日苦労して地上に降り、ようやく志津川小学校にたどり着いた。「生きててよかった」などと言葉を交わした後、町長たちは職員の車でベイサイドアリーナに向かった。智さんと歩いて後を追った。慣れない山道を歩いていると、軽トラが通りがかって助かった。ベイサイドアリーナでわずかな人数で災害対策本部を立ち上げた。

　多くの仲間を失い多くの人が家族を失っていた。そして多くの人たちが家を失っていた。ともかくやらなければならないことが山積みだった。とりあえず被災者の水、食料の確保から奔走する。ベテラン職員や中堅職員が犠牲になり行方不明になっていた。

「残された職員たちで彼らの分まで頑張ろう」

　それが合言葉だった。最終判断は町長だったが、実務的なことは経験豊かな副町長がコントロールしていた。応急対応が一段落した後は町の復興だった。高台移転、かさ上げ、復興計画、グランドデザインづくりに追われた。明さんは復興事業推進課長としてさらに奮闘することになる。

Interview **8**

出張から戻ったその時
――総務課畠山貴博氏の３・11

防災庁舎屋上で助かった奇跡の11人の中で、同じ総務課の佐藤裕さんに次いで若かったのが畠山貴博さんである。貴博さんは２０００年に大学卒業後歌津町に入庁。企画観光課などに所属した後、合併後は本庁で企画課企画政策係を経て３・11の時は総務課財務係に所属していた。震災時、歌津町の自宅は流されたが両親、奥さん、子どもの家族全員無事だった。

東日本大震災が発生した時、貴博さんは仙台の出張から車で帰庁する途中だった。午後2時46分頃は登米市津山を過ぎ南三陸町に入ったところだった。その時急に車が左右に揺れハンドルがとられた。

とっさに地震だと思った。前後にほかの車がいなかったので、ハザードランプを点滅させ路肩に停車。周辺は平らなところで、地震による土砂災害などの危険がないと判断した。

仙台から南三陸町まで車で約2時間かかるので、その日もFMラジオを聴きながら運転していた。地震前後に緊急地震速報が鳴ったという鮮明な記憶はないが、番組の途中、

「東北地方で強い地震が発生しました」

「念のため津波に注意してください」

という放送だった気がする。

それにしても長く強い揺れだった。車外に出ると電柱が大きく揺れている。2日前の地震のあと、余震が続いていたがこれは余震ではなく、恐れていた宮城県沖地震だと思った。周囲の状況を確認しながら役場に向かった。海の様子は分からなかったが倒壊した建物は見なかった。道路にも障害物はなく、信号は消えていたが渋滞はおろか対向車さえほとんどなかった。

午後3時くらいに役場裏の公用車を停める駐車場に入った。その時、駐車場にもまだ津波の気配はなかった。とりあえず本庁舎1階の総務課に行くが誰もいなかった。ロッカーが倒れ什器備品が散乱していた。スーツの上に防寒着を着込んだ。

不安を覚えていると町長の運転手をしている佐々木さんの顔が見えたのでほっとする。みんな防災庁舎2階の対策本部に集まっているというので2階に駆け上ったがもうヘルメットは残っていなかった。

室内には副町長がいて、壁際の危機管理課職員の机を取り囲むように職員たちがいた。その頃には町長をはじめ、ほとんどの職員は屋上に上がっていたようだ。

そのあと窓から八幡川を見ていた智さんが、

「ここはもうだめだ」

「みんな上がってけれ」

と強い口調で言った。みんなと一緒に階段を上がった。比較的整然と上がったように思う。屋上には大勢の職員たちがいた。階段を登り切った一段高い踊り場で周囲の写真をスマホで撮った。海側の八幡川あたりで黄色い煙のような土埃が上がった。

想定以上の大津波だ。このあと二波、三波がくればもっと高い津波になるかもしれない。胸が苦しくなるほど急に恐怖が湧き上がってきた。

貴博さんは中学の時、軽いノリで友人と嵐の海を見に行ったことがある。その時、いきなり押し寄せた大波に巻き込まれ死にそうになった。それ以来、海や波について思うとトラウマ的恐怖心が生じた。津波が迫っていると思った時からその恐怖心が湧いてきて、何かにつかまっていなければと津波が来る前から踊り場の手すりをつかんでいた。

後で考えればもっとほかにもあったと思うが、海と反対側の少しでも高い場所で頑丈そうな鉄柵が安心できそうだ。そこは最善ではないかもしれないが、より安全と本能的に立ち位置を決めたのかもしれない。

ずいぶん後になって、ネットに載ったあの円陣の写真を見たが、自分が手すりをつかんでいる時にはすでに円陣が組まれていたのだと思うものの、貴博さんはその光景を見ていなかった。後から見て、

「仲間たちもそれぞれが命を守るために頑張っていたんだ」

と感銘し、

「自分は自分のことだけで精いっぱいだった。ほかの人を気遣う余裕がなかった」

「彼らはすごい」

と思った。

波が引いた時、ポールの２人と近くにいる者以外誰も残っていなかった。

「みんな流された」

とぞっとした。

「チクショー」

副町長が叫んだが、それに反応することはできなかった。というより触れるのが怖かった。

その後の記憶はあまりなく、残っているのは夜になってからの出来事だった。相変わらず津波は満ち引きを繰り返していた。特に引く時はザーザーというような音がした。その

引き波の音が止んでから数十分から1時間くらい経つと津波が押し寄せてくる。暗くても流れが変わる音を聴きながら、誰かが、

「また来た」

と言った。そのたびに身構えた。

志津川病院から流れ着いたと思われる高齢者のご遺体に自分の防寒着を着せたのは智さんだった。あの寒さの中、そしてあの状況の中で上着を脱ぐだけでも勇気がいる。ご遺体に黙って手を合わせた後ろ姿に男らしさを感じた。暗くてよく見えなかったが、智さんは泣いていたようだった。智さんは寡黙だが人一倍気配り心配りのできる人だった。

明るくなると否応なしの現実が待っていた。8時頃、満ち引きの隙間を縫って地上に降り志津川小学校まで歩いた。それから3日後に家族と再会する。

震災後の数年間は当然だが激務が続いた。自分たちは復興計画などの取りまとめだったが、避難所運営や物資仕分けの職員たちはもっと大変だったと思う。以前の南三陸町を取り戻すために自分たちが頑張るしかないと覚悟している。震災前と変わらない平和で穏やかなまち、賑わいのある街になってほしい。

Interview 9

息子は助かったが……

──総務課佐藤裕氏の3・11

防災庁舎にいて助かった奇跡の11人のうち、最年少は佐藤裕さんである。裕さんは志津川生まれで大学の工学部卒業後、2004年に志津川町に入庁。翌年歌津町と合併し、南三陸町になった後も本庁勤務だった。2006年に結婚し長男を授かり3人家族で南三陸町の役場近くのアパートで暮らしていた。

奥さんは公立志津川病院に勤務しているため、昼間は奥さんの実家に長男を預けていた。実家は志津川にあってお義父さんとお義母さんの二人暮らしだったが、お義父さんは数年前に脳梗塞で身体が不自由だった。

震災でアパートも奥さんの実家も流されてしまうが、津波が来る前にお義母さんが長男を背負って脱出してくれた。お義母さんは家を出る時、寝たままのお義父さんに、

「ごめんね、後で迎えに来るからね」

と言ったそうだ。

しかしお義母さんと長男は途中で津波にのまれてしまう。流されているうち運よくぶつかったフェンスにつかまっているところを近くの人に救助され九死に一生を得た。どんなことがあっても孫だけは守らなければの一心だったという。

長男を避難させた後、お義父さんを迎えに行こうとしたが、もう津波でいっぱいで助けられなかったと悔し涙を流した。その頃奥さんは病院で、裕さんは防災庁舎にいてそれぞれが間一髪で命を取り留めることになる。震災後、裕さんが家族と再会するのは1週間後であった。

3・11の時、裕さんは第一庁舎の1階にいた。総務課財政係で主に予算編成や地方交付税に関することが主な仕事だった。自席でデスクワークに励んでいる最中、突然揺れを感じた。経験したことのない大きな揺れだった。

「ここは潰れる、外へ出ろ」

危険を感じて同僚たちと外へ出た。古い庁舎は音を立て本当に潰れそうに揺れていた。いったん収まったかと思うとまた揺れる。これでもかこれでもかと揺れが長く続いた。

大規模災害発生時の行動は何度か図上演習していた。総務課は主に情報収集、集約、報告をする手はずだった。本庁舎の2階に上がり渡り廊下を経て防災庁舎2階に入った。危機管理課が災害対策本部になっていた。

入った時には町長、副町長もいて、職員など30人から40人くらいの人がいた。天井から吊ってあったテレビが壊れたらしく映っていなかった。通常は、インターネットで気象庁や内閣府のホームページなどにアクセスして災害情報を確認することになっていたが、非常電源に切り替わっていたものの回線トラブルらしくアクセスできなかった。後で聞くと同じフロアにある情報処理室のサーバーと光回線がやられていたそうだ。

その頃には、

「女性職員や用が済んだ者から、屋上に上がれ」

という指示があり、職員たちはぞろぞろ屋上に向かって行った。

ほとんどの人が屋上に上がった後、副町長から、

「裕、県からファックスが入っていないか、もう一回見てきてくれ」

と言われ、1階の総務課に走って戻った。室内はがらんとしてもう誰もいなかった。バッテリー電源が生きていたのか着信を知らせるアラームは鳴っていたが、ファックスは届いていなかった。それでも着信音が鳴っているので少し様子を見ていた。

ファックスが入らないのを確認後、2階に上がりその旨を復命した。副町長は、

「そうか、ご苦労さん」

その時はもう副町長しか残っていなかったように思う。窓から八幡川に濁流がものすごい勢いで遡っていくのが見えた。

「俺たちも上がっぺ」

という副町長の後を追いかけるように階段を上った。対策本部から最後に上がったのは副町長と裕さんで、正確ではないがたぶん3時20分過ぎだったと思う。屋上がいっぱいなので、副町長と階段踊り場にいて手すりにつかまって周囲を見ていた。いくつかの建物が流されていく。何だか分からなかったが大変なことが起きていると思って緊張した。

その時、ポールに登っていた人は気づかなかったが、ポールの根元に女性や男性職員たちが集まって円陣のように固まっているのが見えた。なんとなく自分もそっちに行こうかと思った時だった。どっとしぶきが降ってきたような気がした瞬間、一気に波が盛り上がってきた。と思う間もなくドンというような衝撃があって全身が水の中に沈んだ。

顔の周りですごい音がして息ができなかった。ガンガンと何かが身体にぶつかる。死ぬかもしれないと思った。苦しかったが、この鉄柵から絶対手を離してはいけないと思った。水の中にいたのは5分くらいと思ったが実際は1分ほどだったようだ。

柵に押し付けられ挟まっていた足をやっと引き抜いた。そして唖然とした。周辺にいる数人とアンテナポールの2人以外誰もいなくなっていた。ポールの根元にいた人たちが誰もいないので何が何だか分からなかった。

副町長が、

「第二波が来るかもしれない、後から来るほうが大きいぞ。みんなポールにつかまれ」

と言った。志津川病院の屋上からも、

「津波が来るぞー」

と声がした。そのたびにポールに登った。津波が来た時と引いていく時にごぼごぼという音がすごかった。その後、引き波の後しばらくするとまた津波が押し寄せてくる。引いてから次の津波が来るまでずいぶんタイムラグがあった。

裕さんは、波が引いたあと志津川病院を見ていた。病院に勤めている妻は東病棟の1階にいたはずである。最初見た時、東病棟4階の窓からも水が噴き出していた。それを見た時、妻は助からないかもしれないと血の気が引いた。

しばらくすると志津川病院の西病棟屋上に人が見えた。こっちから、

「おーい大丈夫か」

と声をかける。すると背の高い女性が手を振っている。それが妻の親友だと気づいた。

「ゆうくーん、裕君」

と聞こえた。自分を呼んでいる。前に出て手を振ると、

「奥さん無事だからー」

「頑張ってー」

必死で叫んでいる。

「ありがとうー」

と返した。

よかった、涙があふれて止まらなかった。妻の無事が確認できたことでひと安心だったが、津波がここまで来るなら息子やお義母さんの居る実家はきっと流されたに違いない。大丈夫だろうか。いてもたってもいられなかったがどうすることもできない。

日が暮れてさらに寒さが増し風もあったし雪が降ってきた。3階に降りて火を焚いた。最初は煙もあったが大きな柱に火が付くと暖かった。着ているものを少しずつ脱いで乾かした。それまで気づかなかったが左足が腫れていた。

翌朝、地上に降りて志津川小学校に歩いて行った。いい天気だったが、がれきで埋まった町をみて、信じられず悪い夢を見ているようだった。ひっきりなしにヘリコプターが飛んでいた。途中の民家でいただいたペットボトルの水で生き返った。その頃左足は紫色にパンパンに腫れて痛みもあった。志津川小学校に開業医がいて、骨折かもしれないから病院に行ったほうがいいといわれた。

その日は志津川小学校の体育館小ホールで横になって待機し、翌日ヘリコプターで石巻にある日赤病院に搬送された。そこで、レントゲンを撮ってもらったところ骨折していないと診断された。その後は南三陸町から一緒に来た子どもさんと共に石巻の専修大学の避難所に入り、5日目に志津川に戻った。

翌日息子とお義母さんと妻に再会する。お義母さんが泣きながらお義父さんが行方不明であること、家に置いてきたことを告げられた。慰める言葉もなかった。息子たちの無事を喜びながら、お義母さんと妻の気持ちを思うといたたまれなかった。

一緒にご飯を食べたり、他愛もないことで笑ったり、怒ったり、テレビを見たりするような平凡な日常の暮らしがどれほど大切なのか身にしみた。亡くなった人の分まで大事に生きていかなくてはいけないと思った。

Interview 10

畳に乗って生還した男
——町民税務課三浦勝美氏の3・11

奇跡の11人の中でただ一人、屋上から流されて生還した男がいる。それは円陣の中にいた三浦勝美さんである。勝美さんは震災の時、町民税務課・納税特別チームに所属していた。

その日、午前中は第二庁舎2階で確定申告の手伝いをしていたが、午後から別件があって勝美さんだけ本庁舎2階にある別室の収納対策室にいて一人で作業していた。2時46分頃、突然大きな揺れが始まった時、とうとう宮城県沖地震の本番が来たと思った。古い建物は激しく揺れ壁のキャビネットなどがみんな落ちた。足元に荷物もあったが無理して机の下にもぐり、揺れている間「絶対死なねぇ」と誰にともなく繰り返していた。

揺れが収まるとそこいら中グジャグジャだった。

いったん外に出てみたが、この時はまだ八幡川も普段通りだった。実はその時、一瞬だけだったが、

「今だったら高台へ逃げられるかもしれない」

と思った。しかし、近しい人や女性もいたから自分だけ逃げるわけにはいかないと思い返した。そして、防災庁舎2階に上がり危機管理課に行ってみた。防寒着は初めから着ていたが、ヘルメットは危機管理課の通路にかかっていたものを被った。

室内に入ると、副町長が、

「業務のない者は上に上がれ」

と言ったので、ほかの職員たちと屋上に上がった。屋上の女性職員が、川沿いに歩いている人に、

「危ないから上に上がって」

「津波が来るよ」

と叫んでいた。みんなバラバラにフェンスの周りで周囲の状況を見ていた。

勝美さんはその時、携帯電話を机の上に置きっぱなしだったことに気づいた。財布だけはポケットに入れてあった。ただ、もう一度1階まで戻る気にはならなかった。

もしそれを取りに行っていたら助からなかったかもしれない。それに後で考えると、携帯を持っていたとしても濡れて使いものにならなかっただろう。財布はカードや免許証が入っていたので生還した後に本人認証の役に立った。

「来たぞ」

みると八幡川を黒っぽい泥水が巻き上げられ、すごい勢いで遡上していた。海岸方向で黄色と茶色が混ざったような煙が上がった。きっと一度に建物が壊された時の土ぼこりか塵が舞い上がったのだと思った。

そのうち周辺の家がバキバキと音を立てて壊され流され始めた。ガーという音とメリッというような音がして自分がさっきまで仕事をしていた本庁舎が傾き流されていった。そして水位がどんどん上がってくる。それを見て初めて津波の恐ろしさを感じ、ぞっとした。すごい津波が来ている。屋上まで来るかもしれないと思った。

命を守るにはと見まわしたところ、防災行政無線のアンテナの太いポールが目についた。そのコンクリート架台周辺に職員が集まってしゃがんでいる。こうなったらあのコンクリートに上がりポールにつかまるしかないと思って、コンクリート架台に上がりポールの根元に抱きついてうずくまった。上に登れないと思ったし、ほかに縋《すが》る場所がなかったからだ。

周囲で「何かにつかまれ」というような声が聞こえたような気がする。ポールの上に智さんと好伸さんが登っていたことをその時は気付かなかった。それに自分の周りでみんなが円陣を組むとも思ってもいなかった。

ドシャっという感じで最初の津波が来た。そのあと周りに人が折り重なるように集まってきた。押しつぶされそうになった。人に囲まれて周りが急に暗くなった。

「来るぞ」

「今度は大きい」

というような声がした。目をつむって身構えた。

その直後に水位が一気に上がったのではないかと思う。足元が急に冷たくなったなと思った瞬間、猛烈なシャワーが来た。たぶん周りに人が大勢いたから自分のところではシャワーのように感じたのかもしれない。

そのうち「ドーン」というように横殴りの滝のような水が来た。周りにいた人が次々と流されていく。必死でポールにしがみついた。自分と同じように手を伸ばしてポールにつかまった人が数名いて、まるで鯉のぼり状態で身体が水平になっていたように思う。

そのあと力尽き勝美さんも流され、気づくと水の中で転がされながら、必死でもがいていた。自分はサーフィンをしたことはないが、想像イメージはサーファーが流され波打ち際でもまれる瞬間のようだった。

海で育ったので水泳は得意だったが、流れが速く水泳の上手下手は関係なかった。

「絶対死なねぇ、絶対死なねぇ」

心の中で繰り返していた。明るいほうへ明るいほうへともがいているうち、だんだん苦しくなって水を飲んだ。このまま津波に殺されると思った。もうだめだと思った瞬間、ポンという感じで水面に浮き上がって目の前が明るくなった。

着ていた防寒着に空気が入って、何かの拍子に浮き上がったのかもしれない。水を吸った服がまとわりついて重い。波立っていたので立ち泳ぎしても水面に顔を出すだけでいっぱいいっぱいだった。

板切れやトタンなどのがれきも目の前を一緒に流されていたが、同じ方向に同じ速度で流されているせいかほとんどぶつからなかった。流れに逆らわず流されていくしかなかった。

引き波が始まった。最初はゆっくりだったが流れがだんだん早くなっていく。立ち泳ぎではもたないと思ってベニア板や木材につかまるが滑るし、すぐ沈む。見回すと斜め後ろに畳が浮いているのが見えた。泳いでなんとか縁をつかみうまく畳に上がれた。あの時、畳がなかったら沈むかそのまま外洋に流されてしまったかもしれない。

周囲は霞がかかったみたいだった。その時、眼鏡がないことに気づいた。視力が0・2しかないので、周りはもうろうとしか見えない。早い流れに乗って畳につかまったまま海に向かっているが抗うことはできない。

すると向こうから船がやってくる。もしかしたら助かるかもしれない。マストの方に向かって「おーい、おーい」と叫ぶがそのまま返事もなく通り過ぎて行った。

その時は気づかなかったが、後で考えたらそれは防災庁舎に引き波がぶつかって、舳先で波をかき分けて進んでくる船のように見えたもので、マストと思ったのは防災無線のポールだったのだ。そのことに気づくのはずいぶん後になってからだった。

防災庁舎からまっすぐ山に向かって流され、その後まっすぐ海に向かっていたらしい。先を見てはっとした。防災庁舎から100mほど海側にある志津川病院の白い建物が長い塀のように迫ってきた。そのまま行けばコンクリート壁に激突する。病院は4階建ての東病棟と5階建ての西病棟が渡り廊下でつながった横長の建物だ。

近づくと病院には材木やがれきやロープなどが絡まっている。水位は3階の中ほどぐらいで波立っている。やばい！　と思った。このまいくと2階の窓の中に吸い込まれてしまう。絶体絶命だった。眼鏡がないので目を凝らすと3階の窓の両脇に耐震補強の鉄骨が斜めに張り出している。

「死なねえ、絶対死なねえ」

を繰り返す。

最後のチャンスに賭けた。2階の窓に引き込まれる寸前、3階のがれきが引っかかっている鉄骨の上に飛び乗るしかない。身体を鉄骨にぶつけるようにして縋りつきかろうじて這い上がった。

自分でも気づかないうちに、うめき声を出していたようだった。それを西病棟の屋上にいた人が気づき、呼びかけてくれた。助けを求めると何人かが駆けつけてきて3階の窓から引き揚げてくれた。

東病棟から西病棟への渡り廊下を支えられながら歩き、西棟の5階会議室に入ったところでへたり込んだ。そこには大勢の人がいた。

その頃志津川病院は大変な状況下にあった。東病棟と西病棟の3階と4階に107人の入院患者がいた。それも大部分が65歳以上の高齢者だった。

そこへ住民たち約120人も逃げ込んできていた。6mの津波が来ると聞いた。ルールでは3階以上に避難すればいいことになっていた。

しかし、揺れの大きさと長さからして、もしかしたらもっと大きい津波が来るかもしれない。海岸から約400mの病院はまともに津波の直撃を受ける可能性があった。医療スタッフたちの判断で、念のためもっと高いところへ移動させることになった。

停電でエレベータは停まっていて階段や渡り廊下は身動きできないくらい混雑している。高齢者は階段を上がるにも足がついていかず、スタッフが尻を押し引きずり上げるしかなかった。

午後3時30分前頃、防潮堤を越えた波が窓の外で土煙を上げた。それを見たスタッフたちは戦慄する。5・5mの堤防をはるかに越える津波が来ている。看護師たちは、

「上がれ！　上がって！」

絶叫した。一人では動かせない患者を車いすに乗せ5階に急ぐ。しかし、津波は2階、3階、4階と容赦なく追ってくる。必死の避難誘導にもかかわらず、病室には多くの患者が取り残されてしまう。

東病棟は4階の天井まで水没してしまう。悲鳴や絶叫を津波が飲み込んでいった。地獄だった。結局、津波と低体温症などを含め入院患者75名が死者・行方不明者となり、看護師・看護助手の3人も犠牲になった。中にはベッドごと流され「助けてー」と叫んでいる患者もいたがどうすることもできなかった。

避難者と患者、医療スタッフであふれる西病棟5階会議室を対策本部として、生き残った42人の入院患者を段ボールの上に寝かせた。スタッフが濡れた衣服を脱がせ、カーテンや新聞紙でとにかく暖めるが、患者の震えは止まらない。

「苦しい、寒い」

5階に医薬品や機材は置いていなかった。

「酸素が欲しい」

「痰がとれない」

津波から生き残った人たちに過酷な試練が追い打ちをかけた。雪が降る中、停電で暖房もなく医薬品もなく医師や看護師が悔し涙を流す中、せっかく避難させた患者も7人が次々と息を引き取っていった。溜息と泣き声が交錯していた。

そんな時に流れ着いたのが勝美さんだった。野戦病院状態でごった返す西病棟5階会議室に横たえられた。

そんな危機的状況の中でもさすが看護師たちである。一目見て危険な状況を察知し、手際よく勝美さんの衣服を脱がせ、紙おむつやタオルなどで手当たり次第にぐるぐる巻きにして保温してくれた。あのまま外にいて対応が遅れていれば低体温症で助からなかった。

勝美さんは朝方目を覚まし、近くの医療スタッフに、

「お手伝いしたいのですが、何か着るものと靴とかありませんか」

と声をかけた。

「これでよければ」

と持ってきてくれたのは女性もののシャツとズボンとピンク色の長靴だった。そして、寒さしのぎにとくれたのが黄、赤、白のど派手なヨサコイ踊りの法被だった。それを羽織りまだ寒いので黄色いタオルを首に巻いた。とんでもなく場違いな妙な格好になってしまった。しかし、誰も笑うものはいなかった。

翌日、自衛隊のヘリコプターや消防団の人が助けに来てくれた。とにかく歩けるものは歩いて避難しろということになって、津波が来ていない方向に向かってがれきの中を歩いて行った。

志津川小学校にたどりつくと、勝美さんの異様な姿に、

「これから何をするつもりなの?」

みんなが目を丸くしていた。きっと津波に襲われて変になったと思われたようだ。毛布を巻いて2日目を過ごすが、みんなの見る目がおかしい。

「着るものを何とかしなくては」

と3日目の朝、歌津に行くという軽トラに乗せてもらって伊里前小学校に送ってもらって生還の報告をした。

伊里前小学校の教師だった妻と再会する。妻は、それまで防災庁舎にいた人はほとんど助からなかったという話を聞いていて、さらに残った10人の中に勝美さんがいないことを知ってからもうだめだと思っていたそうである。

勝美さん夫婦に子供はなく、家族3人とも無事だったことが何よりの救いだった。しかし、消防に勤めていた妻の弟が津波の犠牲になっていた。

そして、防災庁舎にいて助かった10人のほか、流された43人のうち助かったのが自分だけと知らされた時は強いショックを受けた。畳に乗って病院に漂着した時、「俺は津波に勝った」などと思ったことの傲慢さを思い知った。

1か月目に軽自動車を購入したが、一人で帰宅する途中や買い物から帰る途中、失った

仲間を思い出すたびに大声で泣いた。一緒に仕事をしている女性職員のご主人が行方不明になっていて、お線香を上げに行きたくても行けなかった。職場結婚していて防災庁舎にいたご主人を失い未亡人になった人も多かった。

やりきれなくなって気晴らししようと町民に隠れてパチンコ店に向かった。その途中、パチンコ好きだった仲間のことを思い出し急に涙が込み上げ前が見えず立ち往生したこともあった。きっと精神的に参っていたのだと思う。

今、勝美さんは津波危険区域の人たちにヘルメットとライフジャケットを足元に置くようにと呼びかけている。屋上から流された人たちだって、もしライフジャケットを装着していたら助かっていたかもしれない。

それに津波警報が出てもすぐに高台に避難できない人もいる。避難が間に合わない場所もある。だとしたら流されても顔が水面に出るライフジャケットがあれば助かるかもしれない。

今では走りやすいライフジャケットや途中で膨らますものもある。絶対ではないかもしれないが、少しでも助かる可能性があるなら、お年寄りだろうが子供だろうが地震の揺れと同時にライフジャケットを着込んでほしいと思っている。

そして、同じような犠牲を繰り返さないでほしい。それが流された多くの人たちの死を無駄にしないための教訓のひとつと思っている。

Chap. 3

第3章
敵は「被害想定」にあり

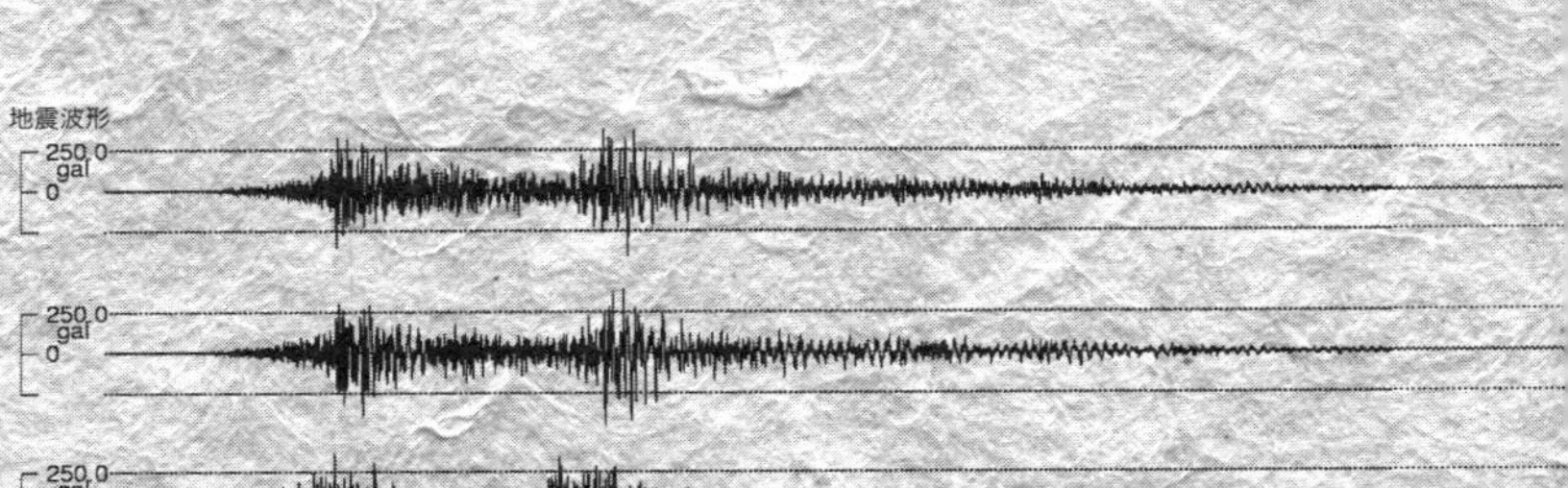

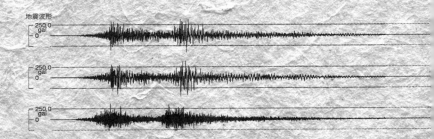

1 地震被害想定とは

「東日本大震災であれほど甚大被害を出した元凶は何か？」と問われれば、悪いのは超巨大地震による大津波と答えるしかない。しかし、地震にしても津波にしても人を困らせるために起きているのではない。それは地球の長い歴史の中で繰り返されてきた自然の営み（自然現象）でしかない。

そうした自然の営みの中で共存し暮らしているのが人間。その営みは、短い周期で繰り返されるものもあれば長いスパンで繰り返されるものもあり、その周期も一定ではない。毎年発生する台風や豪雨もあれば、千年に一度の割合で発生する大地震や大津波もある。人間がその想定や対応を誤った時に災害となり、犠牲者を出すことになる。

東日本大震災で誤った対応や行動を取らせた元凶は津波浸水ハザードマップなのか、地域防災計画なのか。防災庁舎の悲劇を通じその原点を検証し俯瞰してみると真の黒幕が浮かび上がってくる。結論から言えば、防災対策の前提となっている地震被害想定が間違っていたからである。

岩手県では被害想定に比べ、実際の津波高と浸水面積は想定の約2倍。宮城県と福島県の津波高は想定の最大9倍、浸水面積では想定の17倍となった（東北地方太平洋沖地震を教訓とした地震・津波対策に関する専門調査会・第七回会合参考資料より）。言い換えれば、被害想定は津波高さを最大1／9、浸水面積を1／17と過小評価していたことになる。

地震被害想定（以下、被害想定）とは、その地域である程度切迫しているとみられる断層や地震の規模などの様相、津波などの二次災害、建築物、公共機関、社会機能等の被害状況を想定し把握すること。それによって減災のための事前対策、応急・復興対応に資することを目的として作成されるものである。

東京消防庁が1959年に初めて被害想定を作成したといわれている。当時は南関東大地震69年周期説が唱えられていた。南関東では約69年（誤差十数年あり）周期で大地震が発生し、次の大地震は1991年の前後数十年間に発生するのではないかという説である。そうした背景から首都圏の自治体は競って被害想定を作成するようになった。

とはいってもそれは関東地方だけで、阪神・淡路大震災（1995年）発生時に被害想定が作られていたのは27自治体だけだった。しかし、現在では全ての都道府県や政令指定都市で作成されている。しかもその多くで5年〜10年ごとに調査・見直しが図られている。被害想定発表時は前提となる断層モデルと共に津波浸水予測図や津波到達予想時間なども発表されるようになった。

都道府県等が策定した被害想定を基準にして各市区町村や事業所の地域防災計画や事業継続計画（ＢＣＰ）が作成され対策が進められることになる。つまり、日本の主な防災対策の原点はすべて被害想定にある。

では、その被害想定は何を前提とするかというと、そのリスク想定の根拠の多くが国の機関である地震調査研究推進本部・地震調査委員会（以下、地震本部）が発表する地震モデルなどが基礎とされている。

2　地震調査研究推進本部

被害想定のほとんどが地震本部の断層パラメータ（地震モデル）を基にして策定されている。そもそも地震本部というのは、新潟地震（１９６４年）、十勝沖地震（１９６８年）、八丈島東方沖地震（１９７２年）、根室半島沖地震（１９７３年）等を受けて、１９７４年11月に文部省科学技術庁を主管として地震予知関係省庁による「地震予知研究推進連絡会議」として発足する。翌１９７５年10月に「地震予知推進本部」が設置され、「地震予知研究推進連絡会議」は廃止。

以来「地震予知推進本部」はかなりの予算を使って予知の研究に勤しんできた。しかし、

1995年1月17日に発生した阪神・淡路大震災（兵庫県南部地震）で、地震発生を全く予知できなかったことへの批判が高まる。その結果「地震に関する調査研究の成果が国民や防災を担当する機関に十分に伝達され活用される体制になっていなかった」との反省に基づき、地震防災対策特別措置法が制定された。

1995年7月18日、同法に基づき「地震調査研究推進本部」が総理府の下部機関として誕生。初代本部長には田中眞紀子氏が就任する。これに伴い、地震予知推進本部は1995年7月17日付けで廃止される。巷間では「予知推進本部が予知できないことをようやく認め、予知という字を消した」と揶揄された。

さらに2001年1月6日、中央省庁等改革基本法に基づき中央省庁再編が行われ、地震本部は総理府から文部科学省に移管され本部長は文部科学大臣が務めることになった。

いずれにしても「地震本部」と呼ばれるこの地震調査研究推進本部のメンバーは国内の第一線の研究者たちで、政策委員会、地震調査委員会に分かれ、さらに長期評価部会や強震動評価部会などで毎年100億円以上の国費を使って専門研究を行いその研究成果を発表している。筆者も個人的にはこうした研究はこれからも続けるべきだと思っている。

しかし、東日本大震災では複数の断層が同時又は連動して動いたものであるが、地震本部では東北地方でのＭ９の地震を想定していなかった。今の技術で地震予測が難しいのは分かるが全く顧慮されてこなかったのはいかがなものかと思う。結果的には動く可能性のあった超巨大地震を見逃し、地震本部が発生確率99％としてきた宮城県沖地震はまだ起きていないという。

東日本大震災発生前、地震本部の地震モデルは、日本の太平洋プレート沿いではＭ９の地震は起きないという主要なパラダイム（学説）に基づいてつくられていた。その主な根拠は、Ｍ９・５のチリ地震を起こしたプレートの年代は比較的若い年代であって、Ｍ９クラスの地震は若い年代のプレートでしか起きない特別な現象と考えられてきた。

若いプレートはまだ冷えておらず軽いので沈みにくく、海側のプレートが陸側のプレートに固着しやすいとされてきた。そして、強く固着したプレートが動くと超巨大地震が発生しやすいといわれていた。

そうした推論から、１億３千年前にできた古い太平洋プレートが日本海溝にもぐり込む東北では固着度が低く、Ｍ９クラスの地震は起きないというのが定説だったのである。

しかし、これも後知恵かもしれないが、調べてみると、１９５２年カムチャッカ地震（Ｍ９・０）、１９５７年アリューシャン地震（Ｍ８・６）、１９６４年アラスカ地震（Ｍ９・２）、１９６５年アリューシャン地震（Ｍ８・７）など、最近60年間だけでも太平洋プレートの境界面で繰り返し巨大地震が発生していた。

こうした状況証拠があったにもかかわらず、確立されていないパラダイムに基づいて地震モデルや断層パラメータが発表されてきており、その地震モデルに基づいて都道府県等の被害想定や津波ハザードマップがつくられてきた。その結果南三陸町では町民に配られたハザードマップで津波は来ないとされていた避難場所が流され、想定最大津波高さ以上に避難すれば助かると思って訓練通り避難した多くの人たちまで犠牲になったのである。

3 宮城県の被害想定

南三陸町がある宮城県の場合、「地震被害想定調査」を第一次（1984年～1986年度）、第二次（1995年～1996年度）と行ってきた。その後地震本部の新知見、学術上の進展と併せ前回調査からの社会条件の変化等も踏まえるとして、2002年～2003年度に第三次地震被害想定調査を行い2004年3月、「宮城県地震被害想定調査に関する報告書」が発表された。

この報告書は地震本部のデータや最新の震源モデル・海底地形モデルを基に最新コン

ピュータ技術を駆使し津波浸水域予測（図１）も併せて発表している。津波予測では県全域の詳細な想定津波高と想定津波到達時間（図２）を自治体別の図にして公表した。

宮城県はその後２０１１年3月末に第四次被害想定を発表する予定であった。それを発表する直前に東日本大震災が発生する。結果として２０１１年2月1日の中間報告で打ち切りとなり、幻の被害想定となってしまう。仮に第四次地震被害想定が震災前に発表されていたとしても、内容を見ると第三次被害想定と比較して地震・津波想定にはさほど大きな影響がなかったものと思われる。

図1　津波浸水域予測

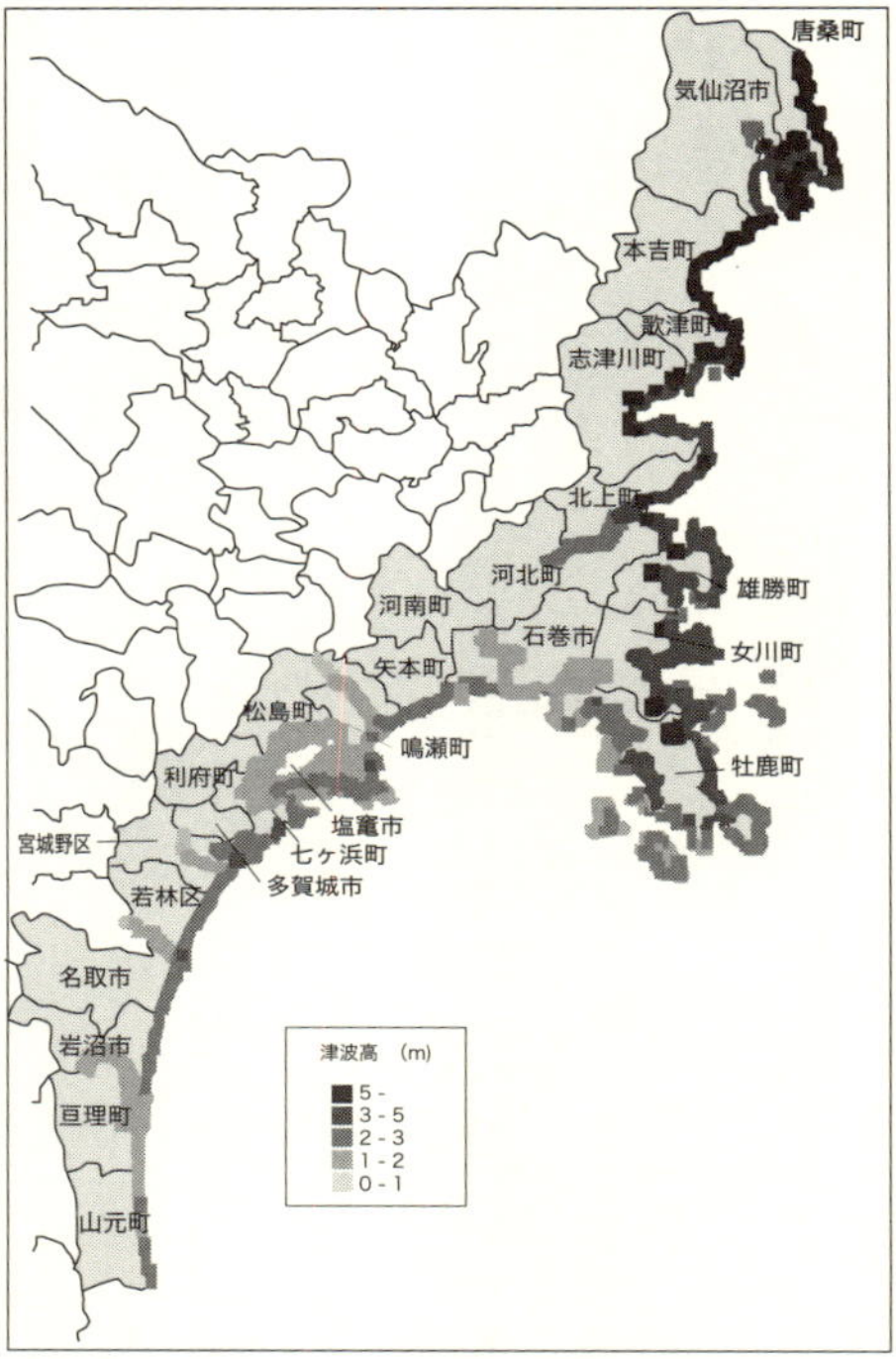

いずれにしても、宮城県及び県内市町村の地域防災計画は東日本大震災発生当時、すべての防災対策の前提条件は第三次被害想定の地震・津波想定に基づいて

図2　想定津波高と想定津波到達時間

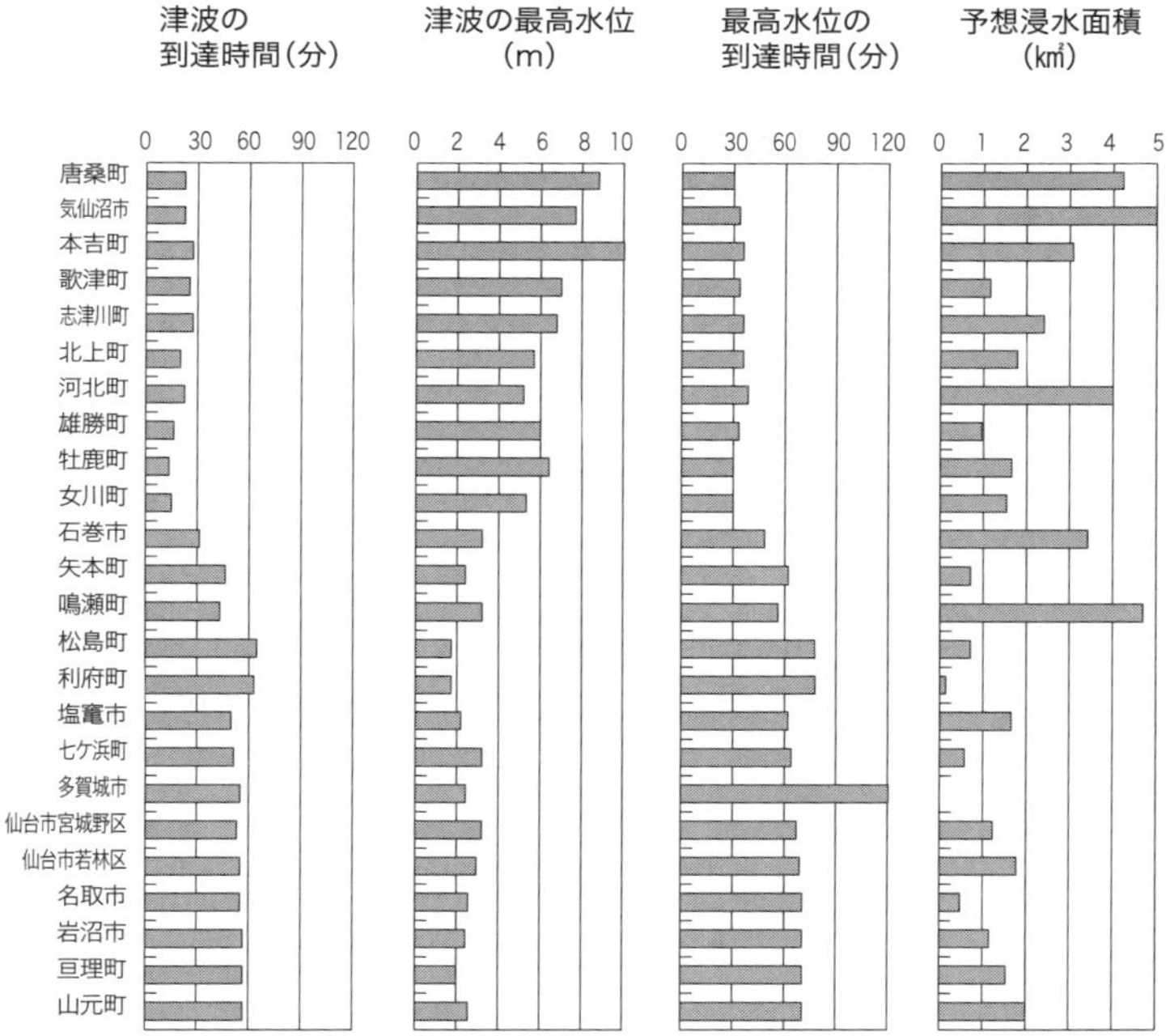

（出典　２点とも「宮城県第三次地震被害想定調査報告書」）

作成されていた。罪深きはリスクを過小評価した被害想定にある。といって市町村や県が責められるものでもない。被害想定は地震本部の地震モデルに左右されるからである。

過去の発生地震から見ても、地震規模や津波高さを正確に想定することが困難であることは周知の事実である。地震動評価手法についても、これまでの学説や断層の破壊過程を考慮して、地震波形を具体的に推定する手法と、過去の地震事例から経験的に地域ごとの揺れの大きさを求める手法がある。いずれも門外漢から見ても精度の高い手法とは言い難い。

地震や津波における想定精度には未だ限界があり、現段階で地震動予測に用いる断層パラメータや津波シミュレーションはあくまで推定であり仮説の域を出ない。

現時点で地震本部としてやらなければならないことは、地震モデルの精度の程度と誤差のクリアランスをも推定することではないだろうか。

もし、想定数値（津波高さ）を示すのであれば危険度だけでなく、誤差の範囲（可能性）や精度の程度・範囲を併記しなければならない。それを受けて作成する都道府県の被害想定の中の数値も誤差の範囲を明記すべきである。これまでの被害想定や想定津波高さ発表にはその配慮が欠けていた。

宮城県の地震被害想定における最悪のシナリオは、「宮城県沖地震（連動）」とされていた。前提条件について報告書にはこう書かれている。

「想定対象地震としては、海洋型として宮城県にとって影響が大きく、またその発生が切迫しているとされる宮城県沖地震の単独、そして地震調査研究推進本部（２００３年）で想定対象とした宮城県沖地震の連動も対象とする（抜粋）」

そして、連動地震発生時の地震エネルギーをM７・８と想定していた。「この被害想定における前提条件（地震想定）の根拠は地震本部のデータ（2003年）に基づいて作成されている」と書かれ、巻末資料として添付された地震動予測と津波の遡上シミュレーションに用いた断層パラメータはすべて地震本部のデータとなっている。

断層パラメータとは、断層破壊過程における断層の走向、傾斜角、断層のすべり方向、長さと幅（面積）、食い違い量（すべり量）、応力降下量、断層破壊速度などを断層ごとに想定したものである。それにより被害状況をはじめ、津波の高さなどの津波シミュレーションが行われる。つまり、地震本部のデータが間違っていれば、都道府県や政令指定都市が作成する被害想定が誤ったものとなりそれを基に作成された市区町村の地域防災計画も間違ったものとなってしまう。

被害想定で、宮城県沖（連動）地震が発生した場合、南三陸町は志津川地区で想定される予想津波高6・7m、歌津地区での予想津波高6・9mとされていた。被害想定数値が推計や予測によって提示されたものだとしても、上位自治体から示された数値は下位自治体では絶対数値と受け止めざるを得ない。その結果、想定数値に基づいて堤防や避難場所を整備し、浸水予測図に基づいて避難勧告や避難指示エリアを定め、指定避難所への避難訓練を繰り返してきた。

つまり、建前だけで言えば市町村に落ち度はないということになる。宮城県の第三次地震被害想定が発表された当時、志津川町と歌津町の両町とも合併の議論に揺れている最中であった。それでも津波浸水予測図に基づいて防災マップや避難場所の見直しが行われた。県の被害想定や浸水予測図などを基に南三陸町は指定避難所・避難場所を78か所定めていた。しかし、そのうち上の山公園など34か所が浸水、流失（全壊）等の被害を受け、そこに避難した人たちの中で犠牲になった人もいるとみられている。

いかに想定外とはいえ、予想津波高6・7mに対し防災庁舎の屋上は12mある。最悪そこへ避難すれば助かると誰しも思ったであろう。そこへ15・5mという津波が押し寄せたのである。町長の責任ではなく、不条理なのはあまりにも過小評価され、実際の災害と乖離した被害想定にあった。そしてその被害想定は、地震本部の地震モデルによって作成されている。

都道府県や市町村が防災対策やその予算を組む場合、一定のエビデンスとなり得るリスク想定は必要である。しかし、想定根拠の精度が低く誤差があるのであれば、その数値と併せて誤差を反映したプラスマイナスの幅を付記すべきである。

絶対的で確実な被害想定など最初から望んでいない、今の科学や技術にも限界（精度・誤差）があることは多くが認識している。だからこそ、地震モデルにおける地震想定・津波想定の精度の限界を示し、誤差の範囲を明確にする義務がある。その誤差を反映した被害想定にすべきである。

4　予想津波高さの誤差は1／2～2倍

当時、気象庁のホームページ「津波について」の中にQ＆A（図３）が掲載されていた。

「**Q**　津波の高さ○ｍと予報される場合、どこの地点で言うのですか？　例えば、海岸線ですか。内陸部１００ｍ地点等のことですか？」

に対し

「**A**　津波情報の中で発表している『予想される津波の高さ』は、海岸線での値であり、津波予報区における平均的な値です。場所によっては予想された高さよりも高い津波が押し寄せることがあり、その旨を津波情報に記載することでお伝えしています。また、現在の津波予測技術では、『予想される津波の高さ』の予想精度は、１／２～２倍程

図３　「津波について」

津波の高さ○mと予報される場合、どこの地点で言うのですか？例えば、海岸線ですか。内陸部100m地点等のことですか。

津波情報の中で発表している「予想される津波の高さ」は、海岸線での値であり、津波予報区における平均的な値です。場所によっては予想された高さよりも高い津波が押し寄せることがあり、その旨を津波情報に記載することでお伝えしています。また、現在の津波予測技術では、「予想される津波の高さ」の予想精度は、1／2～2倍程度です。

なお、「津波の高さ」とは、津波がない場合の潮位（平常潮位）から、津波によって海面が上昇したその高さの差を言います。

さらに、海岸から内陸へ津波がかけ上がる高さを「遡上高（そじょうこう）」と呼んでいますが、「遡上高」は気象庁から発表される「予想される津波の高さ」と同程度から、高い場合には4倍程度までになることが知られています。

どの地域が津波により浸水するおそれがあるかについては、自治体では津波ハザードマップ（津波浸水予測図）を作成しているところもありますので、自治体にお問い合わせ下さい。

津波注意報が発表された際には海岸や河口から離れ、津波警報が発表された際には、自治体が指定した避難場所や高台に、可能な限り早く避難することをお願いいたします。

また、津波警報・津波注意報が発表されていなくても、沿岸付近で強い揺れを感じた時や弱い揺れでも長い時間ゆっくりとした揺れを感じた時はすぐに避難してください。

出典：気象庁ホームページ（2017年１月当時）

度です。

なお、『津波の高さ』とは、津波がない場合の潮位（平常潮位）から、津波によって海面が上昇したその高さの差を言います。さらに、海岸から内陸へ津波がかけ上がる高さを『遡上高《そじょうこう》』と呼んでいますが、『遡上高』は気象庁から発表される『予想される津波の高さ』と同程度から、高い場合には4倍程度までになることが知られています。どの地域が津波により浸水するおそれがあるかについては、自治体では津波ハザードマップ（津波浸水予測図）を作成しているところもありますので、自治体にお問い合わせ下さい。津波注意報が発表された際には海岸や河口から離れ、津波警報が発表された際には、自治体が指定した避難場所や高台に、可能な限り早く避難することをお願いいたします。また、津波警報・津波注意報が発表されていなくても、沿岸付近で強い揺れを感じた時や弱い揺れでも長い時間ゆっくりとした揺れを感じた時はすぐに避難してください。」

と書かれていた。

東日本大震災当時、気象庁はこのように「予想される津波の高さについて「予想精度は1／2~2倍」と率直かつ明確に誤差を認め、ホームページで公開していた。しかし、この予想精度に係る部分は、なぜか2017年4月頃に削除されてしまったのである。東日本大震災以降、津波予想技術はさらに進歩したかもしれないがまだ絶対ではない。

2013年3月に津波警報等の発表方法を改定したが、気象庁はこれからも予想精度の数値を開示すべきであり、メディアもそれを明確に伝えなければならない。

東日本大震災発生直後、気象庁は午後2時49分「岩手県、宮城県、福島県沿岸に津波警報」、午後2時50分予想される津波の高さを、「岩手県3m、宮城県6m、福島県3m」と発表、さらに午後3時14分には予想津波高「岩手県6m、宮城県10m、福島県6m」と訂正している。

もし、津波の予想精度が最大2倍あると気象庁やメディアが伝えた上で、宮城県の津波予想が6mとなれば、南三陸町の未希さんや毅さんは防災行政無線で「最悪12mの津波を警戒してください」と放送したはずである。津波予想が10mと訂正されれば「最大20mの津波を警戒してください」とより高いところへの避難を促したはずである。

そうすれば、多くの人が2階ではなく20m以上の高台に避難したものと思われる。町長だって最悪20mの津波が来る可能性があると知れば、職員たちを12mの屋上に避難させるはずがない。総務課長の奥さんも自宅2階に避難せず高台に避難したのではなかろうか。

津波の予想数値が生死を分けるのである。繰り返すが、気象庁はこれからもより積極的に予想精度を開示していくべきである。現在その文章がホームページから削除されているのは極めて残念である。

そして被害想定の精度である。気象庁の観測技術や予想精度にさえ問題があるのであれば、被害想定の前提となる断層パラメータに係る地震規模、津波予測などにも予測精度の限界や誤差があるはずである。その数値を精査し被害想定に反映させるべきではないか。

5 津波の誤差・精度が発表されていれば……

この数十年で地震学は画期的に進歩したといわれるが、過去の地震の発生状況を見ても震源モデル設定や地震想定の精度がさほど上がったとは思えない。地震本部の地震モデルと共に被害想定にも一定のクリアランスを計算・洞察・反映し公表すべきである。

東日本大震災で多数の犠牲者を出した真犯人は、地震規模及び津波高さ想定を過小評価した被害想定というより、誤差があることを明記しなかった地震モデルにある。

今からでも遅くない。気象庁は誤差や精度を広く伝える努力をしてほしい。そして地震本部をはじめ、都道府県は被害想定における数値の精度と誤差を計算・公表し、市町村の防災対策を実践的に指導してほしい。大川小学校の悲劇も東京電力福島第一原子力発電所の事故も、元はといえばすべて被害想定の過小評価にあったのではないか。その根源は地震モデルである。

どこの誰が悪いというより、防災大国を自負する日本の構造的欠陥が無辜の犠牲者を多数生み出すことになった。ここで心すべきは責任追及より原因追究の姿勢である。誰しも責任を追及されるとなれば口をつぐむか本質を隠蔽し糊塗しようとする。

これからも地震や津波は発生する。今さら責任を追及するよりも同じ過ちを二度と起こさないための改善が急務である。それぞれの主体ごとに柔軟思考で国民の生命の安全第一を優先する被害想定の仕組みを構築することが真の防災大国への道である。

Chap. 4

第4章
防災庁舎の「無言の教訓」

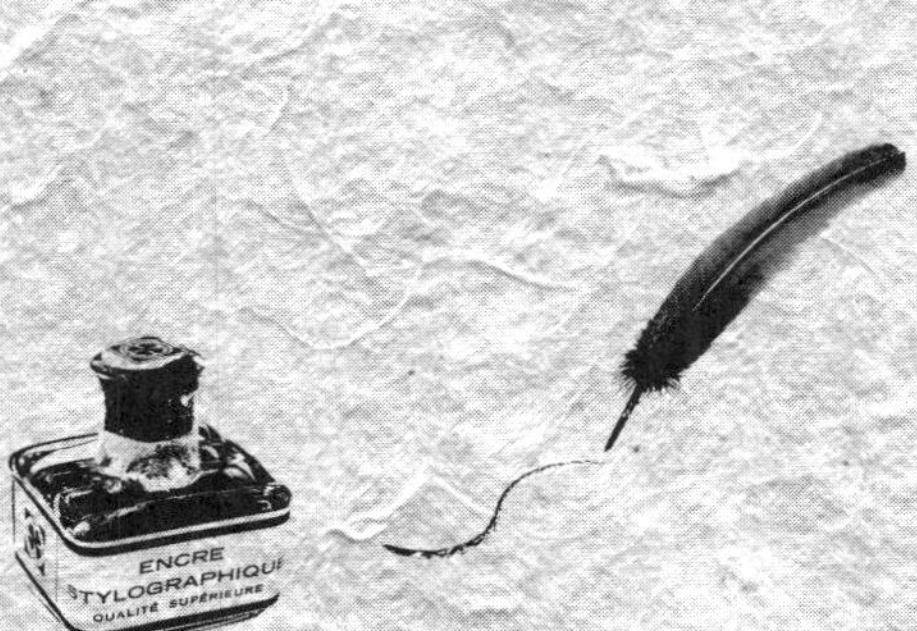

震災から6年目の2017年3月3日、10mかさ上げされた場所に常設の南三陸町さんさん商店街が開店した。そこから見える志津川湾には姿を消していた養殖筏や浮き球などが新たに敷設され、その合間を小舟が走っている。遠景に新装なった公営復興住宅も見える。

こうして復興作業は急ピッチで進められていく。流されたJR気仙沼線などの線路を道路利用し、気仙沼・大船渡線BRT（バス高速輸送システム）が公共交通機関の代役を果たしている。高台に造られた仮設庁舎や医療施設に出入りする人たちも増えてきた。しかし、2021年まで20年間県有化と決まり、土埃の舞う盛土と盛土の谷間にある鉄骨だけの防災庁舎だけ時間が止まったままに見える。

震災後、南三陸町では防災庁舎にまつわる話は誰もが触れたがらない極めてデリケートな、ひとことで言えば暗黙のタブーになっていた。屋上で犠牲になった人たちの家族や親族にとって、同じ場所にいて生き残った人たちへの微妙な感情もあったかもしれない。「あの庁舎を見るのがつらい」そうした遺族の気持ちを思い遣る人たちも多かった。

南三陸町は旧志津川町（当時人口1万4218人）と旧歌津町（当時人口5642人）

1 合併後遺症

が2005年10月に新設合併してできた町である。そして、合併後の選挙で旧志津川町長だった佐藤仁氏が選ばれ、初代南三陸町長に就任する。合併まで紆余曲折はあったもののここまでは概ね想定どおりで、両町の住民たちは合併を時の流れと受け止め、期待と一抹の不安をもって見守っていた。

2005年当時、旧歌津町庁舎（歌津総合支所）は築51年で県内自治体の中でも一番古い庁舎だった。また旧志津川町の本庁舎も築48年で、両町の庁舎は1981年の新耐震基準以前の建物で、老朽化が進み耐震性は極めて低かった。意見を求められた専門家は「耐震補強工事をする以前の問題」と助言するほど脆弱な建物だった。

建て替える必要がない施設は旧志津川町が阪神・淡路大震災後の1995年12月に建てた防災庁舎だけで、この施設だけは震度7にも耐える構造とされていた。そうした背景もあり、合併時の重要課題は新町の庁舎（事務所）の場所と新庁舎の建設問題に収斂されていた。

2004年8月1日に法定協議会が設置されるが、このままだと志津川町側に押し切られるとの危機感が募り、8月11日に歌津町臨時議会が急遽開催され新町の事務所位置の議論不十分として「合併期日の延期を求める決議」を可決。9月18日に合併調印式が行われた後も、志津川町議会で可決された合併関連議案が歌津町議会では否決されるなど、合併期日も二転三転する。こうした新町庁舎建設をめぐっての紆余曲折を経て両町は2005年10月に合併する。

合併協定書では新町の事務所（庁舎）は当分の間、旧志津川町の庁舎を使用すること。そして「将来の事務所位置については、志津川町商工団地又は新井田北側国道沿い付近を建設候補地の一つとして、新町の均衡ある発展や住民の利便性、さらには防災対策上について考慮しつつ合併協議会で決定し、2年以内に着手するものとする」となっていた。

そこで合併後の2006年2月27日を皮切りに「南三陸町庁舎建設検討委員会」が4回開催され、2006年9月にその報告書が発表される。報告書では庁舎建設の必要性は認めるものの、財政面から見て20億円ともいわれる新庁舎建設を優先させた場合、町民生活に直結する各種基盤整備のための財源が手当できなくなるとしていた。添付されたまちづくり住民意向調査結果（2000人を無作為に抽出、回収件数1074件（回収率53・7％）には、「新たに庁舎を整備すべきという回答が14・5％、まずは生活・産業・教育基盤等の整備を優先すべきが47・0％」と付記されていた。

結局、「新庁舎建設を2年以内に着工」という合意事項は先送りとなる。最終的に旧志津川庁舎を新町庁舎としてそのまま使うことになった。志津川地区からは歓迎されたが、歌津地区の人から見たら中間点に庁舎新築、しかも2年以内着工という合併合意に反していると強い反発を招くことになった。

その軋轢がその後ずっと影を引きずっていく。元来、旧志津川町と歌津町は本吉郡に属する隣接自治体で経済的・人的交流も多い一方で、両町で盛んだった野球、剣道、バスケットボールなどスポーツ面などでは長年負けられないライバルでもあった。

合併から5年5か月後、東日本大震災が町を襲う。大津波に襲われ第一庁舎、第二庁舎、歌津総合支所も流された。防災庁舎も骨組みだけになり、屋上に避難した人たちの多くが犠牲者になってしまう。震災後「約束通りの高台に2年以内に新庁舎を着工建設していれば、津波が来てもこれほど職員が犠牲にはならなかったはずだ」と鬱積した不満と相まってその矛先は町長にも向けられた。

「なぜ職員を屋上でなく高台に避難させなかったのか」と2012年3月、高台に避難させなかったから町職員の長男が死亡したとして、遺族の1人が町長を相手取り業務上過失致死容疑で告訴。仙台地検は町長ら関係者から事情を聴き、防災庁舎を現場検証した上で2015年8月に不起訴処分とした。

その後も2016年9月、当時町役場にいたとみられる職員の遺族9人が「43人が犠牲になったのは町長が適切な指示を出さなかったため」と業務上過失致死容疑で告訴・告発した。告訴・告発状は2016年10月に宮城県警南三陸署に受理される。しかし同署が遺族側の事情聴取を進めたところ「町長の違法性を裏付ける新たな事実が見つからなかった」として、2017年3月17日までに遺族9人全員が順次告訴・告発を取り下げることになった。同署はこうした経緯を踏まえ、捜査結果書類を仙台地検に送付し落着する。それでも遺族のやりどころない怒りや悲しみが癒えることはない。

2 愛憎を背負う防災庁舎

合併時最大の課題とされていた新庁舎問題は皮肉にも大津波で流され、東地区高台に国の復興予算で庁舎が新設されることになり終止符が打たれた。そうした中、遺族の悲しみ、犠牲者の無念、それぞれの地域の複雑な思いや愛憎を鉄骨だけの防災庁舎が今も一身に背負っている。

震災後、復興計画の一環でメモリアル公園として震災復興祈念公園の設置が決定する。今度はそこに防災庁舎を震災遺構として遺すか解体するかが町を二分する大問題となっていく。合併時のこともあってか旧歌津町地域の多くが解体に傾いていた。とくに屋上で犠牲になった歌津出身職員の遺族たちからは震災遺構とすることへの反対意見が多く聞かれた。

震災後、かさ上げ工事で何も見るものがない町で、むきだしの鉄骨だけとなった防災庁舎は東日本大震災のシンボルであり町のランドマークだった。防災無線で避難を呼びかけ続けた遠藤未希さんの「天使の声」の哀しくも美しいエピソードもあった。一方で、話を伝え聞いた人たちが防災庁舎前でピースポーズの記念写真を撮るのさえ苦々しく見る人もいる。将来の観光の目玉とか東北の原爆ドームだなどの意見に対し「人が死んだ場所を見世物にするのか」という抗議が寄せられることもあった。

震災後はパンドラの箱をひっくり返したように、控えめで思いやりのある南三陸町の丸くあったかい人間風土やコミュニティがゆとりのないぎすぎすした人間関係に変わっていった。そのことに心を痛める人は、あの防災庁舎さえなければ反目や諍いもなくなる。論争の原点となっている防災庁舎は理由の如何を問わず即時解体せよ、でなければ亡くなった人たちが浮かばれないと涙ながらに主張する人もいた。遺族の中にも保存を求める控えめな声もあった。しかし声高に解体を主張する人たちの声にかき消されていく。

「この災害を忘れないためにも庁舎をモニュメントとして残したい」と町長は当初保存意向を示していたが、やがて防災庁舎問題が政局化していくことに心を痛めた町長は決断する。２０１３年９月「残すとなると、庁舎の存在が復興事業の支障になる。遺構の保存は小さな町には荷の重すぎる問題」として前言を撤回し、町は解体の方針を表明する。その結果２０１４年３月までに解体されることとなり、２０１３年11月には防災庁舎前で遺族などを招いて慰霊祭がしめやかに挙行された。これは町が県に事務委託していた公立建物解体工事の期限（2014年3月）に急かされての苦渋の決断でもあった。

その頃、復興庁は被災1自治体1施設に限り震災遺構の保存を支援するという方針を打ち出す。それを受けて宮城県は2013年12月に第一回宮城県震災遺構有識者会議を開催し、県内14施設を遺すにふさわしい指定施設（案）を発表。その14施設の中で南三陸町からは防災庁舎が「震災遺構の対象となる施設候補（案）」にエントリーされていた。

2014年1月、県は町に解体事務委託の対象から防災庁舎を外すことを要請。そして防災庁舎の取り扱いについては2015年3月の有識者会議最終報告書が出されるまで解体を待ってはと提案する。町はその提案を受け入れる。2015年1月、県の有識者会議の最終報告書が宮城県知事に提出される。報告書では「南三陸町の防災庁舎について、県内の震災遺構の中でも特段に高い価値がある」と評価し「残すか解体かを拙速に結論を出すのではなく、時間をかけて考えることも検討すべき」の意見が付記された。

この報告を受けて2015年1月28日、宮城県知事が南三陸町を訪れる。知事は町長に「向う20年間県有化し、20年後に町に戻しその時点で町が遺構とするか解体するかを判断しては」という提案を伝えた。こうした報道に「町長が解体宣言したのに、いまさら……」「あの慰霊祭はいったい何だったのか」などの批判が再燃。県との板挟みで町当局は苦悩を深めていった。

そんな時、遠藤副町長が助け舟を出し、町民の民意を問うパブリックコメント募集を提案。そして、2015年4月1日から、宮城県からの提案事項に関し「町としてどう対応するのが望ましいと考えるか」と町内に住所を有する人、及び町内の事業所又は事業所を有する人を対象に5月8日までパブリックコメントを募集した。

その結果664件（有効588件）の意見提出があり、県の提案受け入れ賛成意見が350件（59・5％）に達し、反対意見206件（35・0％）を大きく上回った。普通、こうしたパブリックコメントを募集しても数件から数十件程度だったが、今回は664件という意外に多い意見提出であった。

それだけ町民の関心の高さを示していた。結果を受け、町議会も全会一致で県提案受け入れを採択し、防災庁舎は2031年3月10日までの20年間宮城県が管理することが決まり、激しい論争はようやく沈静化していった。

3　美談で終わらせてはならない

防災庁舎の屋上で奇跡的に助かった人たちの話で共通していたのは、

「犠牲になった仲間の家族や友人たちに会うのが一番辛かった」

「同僚が死んで自分だけ助かったことへの後ろめたさがあって、かける言葉が見つからない」

「あの時、死んでいたほうがよかったと何度も思った」

という言葉だった。


もちろん助かった人が悪いはずはないし、責められるいわれもない。しかし、防災庁舎に限らずこの大震災の被災者や遺族にしてみたら、理不尽な災害でかけがえのない家族を奪われた怒りや悲しみのやりどころもなく、自然災害だからと割り切ることはできず釈然としていないことは間違いない。誠実に生きてきて、懸命に努力して家族を愛し生活を守り、まちづくりにも貢献してきたのである。何ひとつ落ち度がないにもかかわらず、かけがえのない家族を失い家まで失って塗炭の苦しみを味わっている。

私は約50年にわたり世界中の災害現場を歩いてきたがいつも災害現場で感じることは、犠牲になった人と、助かった人の間に明確な理由や共通の法則などありはしないということである。むろん犠牲者になにひとつ咎もないし、誤った行動だったとも思わない。その時点、その状況下でそれぞれが最善を尽くしていたに違いない。もちろん日頃の行いでもなければ、性格の良し悪しでもない。ほんのちょっとのタイミングやその時いた場所の差が生死を分けたのである。そして職務に殉じて亡くなっている。

とくに今回の震災では多くの自治体職員が公務中又は庁舎にいて被災し犠牲となっている。例えば陸前高田市では職員４４３名のうち１１１名が死亡し、大槌町では職員１３９名のうち町長を含む40名が死亡または行方不明となるなど、数十名単位で職員が犠牲になったところも多い。南三陸町でも職員２４１名のうち死者・行方不明36名と、職員の約15％が犠牲になってしまったのである。

表紙の円陣の写真のように必死になって住民の命を守るために努力した多くの職員たち。屋上にいた人たちは、津波襲来の恐怖におびえつつも戦線を離脱せず公務を優先した。最後まで職務を果たし懸命に努力しつつ自らも犠牲になったのである。

職員たちは町の地域防災計画に基づく非常配備態勢中に多くが殉職した。それは客観的に考えても危険な公務である。住民に避難を呼びかけ、津波が来ているのがわかっていながら、持ち場を離れて自分だけ高台に避難できる状況ではなかった。また、被害想定を信じていたのでそこまでの大津波が来るとはだれも思っていなかった。しかし、想定を超える津波が来てしまえば逃げ場のない防災庁舎屋上に避難するしか選択肢はなかったのである。

その屋上で想定の倍以上の大津波に襲われて多くの職員が犠牲になった。誰が見ても危険を伴っていた公務である。その中には二十代の若い職員や家族持ちのベテラン職員もいた。遺族にとっては受け入れがたい悲劇である。

震災後の2012年、防災庁舎で犠牲になった職員の遺族33人は、補償を扱う地方公務員災害補償基金宮城県支部にそれぞれが特殊公務災害認定を申請した。しかし、全員不認定とされた。不認定理由は「防災庁舎には災害対策本部が置かれており、大きな被害は想定されていなかったはず」というものだった。つまり、高度に危険な公務ではなかったというのである。

特殊公務災害とは、高度に命の危険がある公務に従事して災害にあった場合は、通常の公務災害の給付金に加算して給付が行われるという制度である。浅間山荘事件（1972年）で、犯人に殺された警察官2名の死亡が通常の公務災害と同じでは気の毒ということで、命の危険がありながら公務に従事した場合は、相応の補償をするべきだというところから生まれた制度。このため、特殊公務災害に認定されるためには、命の危険が高度に存在する公務に従事していなくてはならないとされていた。

一般的公務従事中に、たまたま命の危険が生じたとしてもそれは特殊公務と認定されない。たとえば、自動車を運転する公務の場合で玉突き事故等により、命の危険が生じていたとしてもそれは特殊公務にはならない。特殊公務とされるのは、地方公務員でいえば、警察官や消防官、そして、災害時に避難誘導等の公務に従事する公務員に限定されている

（地方公務員災害補償法第46条、地方公務員災害補償法施行令第2条の3第1項及び第2項）。

しかし、前述したように、地域防災計画に基づき、大津波警報中に防災庁舎で住民を守る職務を遂行していた職員たちは、すでに命の危険が高度に存在していたことは間違いない。不認定を不服とした遺族たちが審査請求を行ったところ、弁護士や医師らでつくる第三者審査会が再審査し２０１４年５月、高度に危険な公務中の災害だったとして31人の補償請求が認められることになった。

誰の命も失ったら取り返しのつかないものである。公務中といえども彼らの安全は第一に考えられなければならない。防災庁舎・屋上の円陣の話も美談で終わらせてはならないのである。大規模災害だとしても公務員の安全を確保する仕組みを作ることが不可欠である。防災庁舎は何も言わないが消防団員、民生委員、自治体職員、防災関係者の安全を守れと無言の教訓を発信しているように見える。

ちなみに、東日本大震災では東北３県で自治体職員２８１名、消防署員27名、消防団員２５４名、警察官30名、民生委員56名が犠牲になっている。彼らこそ地域と住民を守るために理不尽な災害と戦った勇者たちである。すべての犠牲者に心からの敬意と感謝を捧げご冥福をお祈りいたします。

4 津波防災10か条

(1) 安全な場所に住む防災

今までの防災は「逃げる、守る防災」が主体だった。もちろんそれも極めて重要な行動であり対策である。とくに津波や洪水に対しては「早期避難に勝る対策なし」ともいわれてきた。しかし、津波は昔から同じ地域を繰り返し襲うことが多い。災害史から見ても数十年、数百年周期で同じ地域が大津波に襲われてきた。つまり、その地域は歴史が教える津波危険区域である。津波襲来時に迅速に避難できればいいが、高齢化が進む中逃げたくても逃げられない場合もある。

これからは逃げる守る防災と併せて、建物の耐震化と津波襲来でも逃げなくてもいいように高台などの「**安全な場所に住む防災**」を目指す必要がある。大津波襲来後に高台に集団移転するのではなく、津波襲来前の災害予防集団移転事業を促進しなければ、これからもずっと悲劇を繰り返すことになる。

(2)　津波・洪水、逃げるが勝ち

危機管理で優先すべきは、失ったら取り返しのつかないことを優先すべきということである。それを「結果の重大性」という。失ったら取り返しのつかないものは「命と時間（タイミング）」。誰でも一つしかない命は当然かけがえのないものである。その命を守ることを優先するためには時間（タイミング）を優先しなければならない。

今、逃げなければ。今、準備しなければ。タイミングを失すると逃げ遅れるし、その準備や訓練を後で行っても間に合わない。失ったら取り返しのつかないものは命と時間（タイミング）。「**津波・洪水、逃げるが勝ち**」なのである。

(3)　想定の2倍以上に避難すべき

想定外のことが起こるのが自然災害。地震も津波も自分たちが想定していた以上のことが起きることを前提に準備や訓練をしておかなくてはならない。第3章「敵は『被害想定』にあり」（169ページ）でも述べたが、発表される被害想定、津波ハザードマップ、気象庁の津波予報等における津波の予想数値が必ずしも精度が高いとは限らない。予想や想定の数値の誤差を見込んで避難場所を定め「**想定津波高さの2倍以上の高所に避難すべき**」である。

(4) 警報解除まで戻らない

津波が襲来する時刻や引き波と押し波の周期は必ずしも一定ではない。1波より2波、3波が高くなる場合もあれば、いきなり大波が襲う場合もある。また、津波到達予想時刻を大幅に超えた後に襲ってくる津波もあった。避難場所に避難した人が、第1波がきたあと1時間経過しても次の津波が来る気配がないので、もう大丈夫だろうと自宅へ戻ったとたん、2時間後の津波で犠牲になったケースもある。いったん避難したら「**警報解除まで戻らない**」ということも徹底する必要がある。

(5) 俗説に惑わされず最悪を想定せよ

繰り返し津波に襲われてきた地域には様々な言い伝えが残されている。大変貴重なものも多い。しかし中には「海の底が見えたら津波が来る。引き波の後津波が来る」などと襲来状況を決めつけているものもあるが、決めつけるのは危険である。引き波から始まる津波もあれば、いきなり押し波から始まる津波もある。後世に伝える教訓は様々な角度から検証したうえで伝承すべきで「**俗説に惑わされず、最悪を想定して早く避難する**」ことが大切。そして、悲観的に準備し行動すれば楽観的に生活できるのである。

(6) 心の堤防を高くせよ

東日本大震災の復興計画で防潮堤の高さについて多くの議論があった。コンクリートの高い堤防を作れば暮らしにくくなるだけでなく海が見えなくなってかえって危険という声もある。また、先人たちが築いた大堤防があったから被害ゼロの町を見習い、後世のために高い堤防を作るべきという考えもある。

それぞれに一理あり一方が絶対正しいという対策は無いように見える。しかし、高い堤防があるから逃げずに犠牲になった例もあれば、その堤防さえ乗り越えてきた津波で流された人もいる。どんなに堤防を高くしてもそれを乗り越えたり破壊したりする地震や津波がくる。「津波・洪水逃げるが勝ち」と思って堤防だけに頼らず最悪を想定して迅速避難する意識の醸成が必要である。「**堤防だけに頼らず、一人ひとりの心の堤防を高くする**」研修を繰り返し行う必要がある。

(7) 健常者は駆け足で

10mの大津波と聞いて、慌てて車で逃げようとした人たちが大渋滞に巻き込まれた。中には停電で踏切の閉鎖状態が続いたところもあった。道路という道路が大渋滞して、にっちもさっちも行けない状態の時に津波に襲われ車ごと流された事例もある。人も車も少なく渋滞のおそれがない地域を除き、避難する時、健常者は徒歩での避難が原則。車でしか避難できない身体が不自由な人のために道路を空ける。**「津波避難、健常者は駆け足で」**が地震列島日本に住むマナーではないだろうか。事前に地域ごとに話し合い車避難ルールを定めておく必要がある。

(8) 遠くより高く

震源が近ければ短時間で津波が襲ってくる危険性がある。原則は指定避難場所に避難すべきだが、避難場所が遠い場合は間に合わない場合もある。また、大地震で電柱や建物の倒壊、土砂崩れなどで避難路が確保できない状況に陥ることもある。そこで事前に遠くの避難所に避難できないことを想定し、近くの頑丈なビル４階以上に避難させてもらえる場所を確保すべきである。**「遠くの避難場所より、近くのビル４階以上」**。

(9) 安全・安心は準備に比例する

避難場所まで遠く、裏山は急傾斜で階段もないという地域で助かった人の話を聞いた。その家は昔から繰り返し津波被害を受けている地域でもある。先祖代々その家の決まりで、裏山の傾斜地上部からロープを数本垂らしておくこととなっていた。そしてそれは５

年ごとに張り替えてきたそうだ。東日本大震災発生時、津波警報を聞くと片方のロープにつかまりもう片方のロープは腰に巻き、若い人たちが上から引き揚げて10分以内に全員が裏山の高台に避難し、自宅は流失したものの家族全員無事だったそうである。近所の人たちと一緒に行っていた年に2回のロープ避難訓練が見事に功を奏した事例である。

また、本文の中でも提案したが、海岸付近で避難が困難な地域（人）はライフジャケットとヘルメットの常備をお勧めする。安全・安心は誰かが与えてくれるものではなく、自ら努力して勝ち取るものであり**「安全・安心は準備に比例する」**のである。

⑽　備蓄7日分と在宅避難生活訓練

水食糧などの備蓄は3日分というが、大規模災害発生時、3日程度で物流が回復し道路や交通機関が復旧するとは思えない。3日ですべての家庭に物資が行きわたるような小規模な災害は備えなくてもなんとかなる。災害に備えるということは大規模災害に備えること。大規模災害時は電気、ガス、水道、電話などのインフラが復旧するまでに1週間から3週間とみるべき。

そこで家庭、事業所の**「備蓄は7日分」**必要である。また、できれば1日でもいいから電気、ガス、水道、電話が止まったものとして暮らす「在宅避難生活訓練」実施をお勧めする。そこで初めて必要な備蓄物資が見えてくる。

あとがき——防災庁舎を世界遺産に

　東日本大震災を象徴しその教訓とは何かを考えるヒントを与えてくれるのが南三陸町の防災庁舎である。そこには哀しいけれど美しいエピソードや高潔な人間ドラマがあった。

　本文に書いたように、南三陸町にとって防災庁舎を遺構とすべきか否かの議論は極めてデリケートな問題であった。それは今も変わっていない。防災庁舎の屋上にいて奇跡的に助かった人からも、

「部下、同僚、上司やそのご家族が犠牲になった防災庁舎は解体すべき。合併時の軋轢が残っていたこともあるが、歌津に住む職員が多く犠牲になったことで防災庁舎が政争の具になった。次のステップや町の発展に寄与するかもしれないが、争いのツールにしてはいけない。震災で流された地域コミュニティを再構築するには何年もかかる。そのためにも町の議論を二分する種はないほうがいい。町外からの遺してほしいという意見もわからないではないが、遺族の中には防災庁舎を見るたびに亡くなった家族を思い出す人もいる。遺すメリットもあれば遺すデメリットもある。復興は長期戦、町民が一丸となってやらな

ければ真の復興はない。その時に求心力になるものならいいが心を乱すものは遺さないほうがいい。とりあえず期限を切った県有化でよかったと思うし、時間経過で考え方も変わるかもしれないが、今の段階では解体すべきと思っている」

という意見があった。

ご遺族の悲しみや悔しさ、そして町の結束を思う気持ちは痛いほどわかる。しかし、その一方で、

「あの防災庁舎を解体しても悲しみが癒えることはないのではなかろうか、夫が命がけで職務を全うしていた防災庁舎。それがなくなったら祈る拠り所まで失うような気がする」

というご遺族の意見もある。そして、犠牲者の7回忌を済ませたご遺族の中には、

「以前は絶対解体だと思っていたが、時間が経つと、災害を忘れないように遺したほうがいいと思えるようになった」

という人もいた。時間と共に住民の考え方にも変化が見られている。宮城県知事が示したように、拙速を避け時間の審判に委ねる知恵も必要なのかもしれない。

屋上で円陣を組んだ人たちが、最後の最後まで取り乱さず尊厳を失わず、極限の恐怖の中にありながら人間としての高潔さを行動で示していた。武士道とヒューマニズムの極致を見るように、歌津も志津川もなく、円陣の中に女性や高齢者を囲い込み必死で守ろうと

していた姿に心を打たれた。

彼らだけでなく、あの屋上にいたすべての職員たちは直前まで住民を守るために職務を全うした人たちである。奇跡的に助かった11人の職員も、殉職した職員も、そしていまだに安否不明の職員も、みんな大津波警報が出ている中でぎりぎりまで非常配備についていた人たちである。彼らが水門や陸閘門を閉じ、避難を呼びかけ、誘導したことによって多くの住民が救われている。

彼らこそ真の勇者であり日本人の誇りである。その勇者たちの証として防災庁舎は遺すべきと私は思う。と言っても自己犠牲を推奨すべきではなくそして単なる美談としてではなく、二度と同じ過ちを繰り返さないための誓いとすべきである。防災庁舎を政争の具とすることなど言語道断、澱んだ過去をすべて水に流す和解のモニュメントにしなければならない。

宮城県の震災遺構有識者会議が報告書で「防災庁舎は県内の震災遺構の中でも特段に高い価値がある」と評したように、防災庁舎の存在意義は極めて大きく貴重である。説明せずとも、現場で防災庁舎を見上げるだけで津波の恐ろしさと避難の重要性、さらに被害想定の責任の重さを教えてくれる。その防災庁舎で尊い犠牲を払って得た教訓は人類共通の教訓となる。海を持つ国々や地域の人たちに共通の防災文化として遺すべきである。もし住民のコンセンサスが得られるのであれば地域の防災遺構とともに世界遺産として遺してほしい。
あの時、国内をはじめ海外からも救援やボランティアが駆けつけてくれた。そして世界中から数えきれない人的、物的支援と共に思い遣りあふれる言葉や心が寄せられた。東日本大震災のシンボルとして、防災庁舎にはその心に応える大きな使命があると思っている。

本書執筆にあたり、ご遺族や九死に一生を得た人たちにお話を聞かせていただいた。つらいこと、思い出したくないことも多々あったと思いますが、ご多用の中、快くインタビューに応じて下さったこと。末筆ながら心よりの敬意をこめて御礼申し上げます。これからも命の大切さと災害の教訓を語り継ぎ、減災に微力を尽くすことを誓います。
本書は防災庁舎で無念の死を遂げた人たちと東日本大震災のすべての犠牲者、ご遺族、被災者に捧げます。

2017年7月

山村 武彦

参考にさせていただいた資料、サイト、出版物

○津波について／気象庁
http://www.jma.go.jp/jma/kishou/know/faq/faq26.html
○日本海溝・千島海溝周辺海溝型地震被害想定について／中央防災会議
http://www.bousai.go.jp/jishin/nihonkaiko_chishima/pdf/houkokusiryou1.pdf
○次の宮城県沖地震の震源断層の形状評価について／地震調査研究推進本部
http://jishin.go.jp/main/chousa/02oct_miyagi_keijo/index.htm
○宮城県沖地震を想定した強震動評価手法について／地震調査研究推進本部
http://www.jishin.go.jp/main/kyoshindo/pdf/20021015miyagi.pdf
○宮城県沖地震を想定した地震動評価（一部修正版）について／地震調査研究推進本部
http://jishin.go.jp/main/kyoshindo/05dec_miyagi/index.htm
○宮城県第三次地震被害想定報告書ウェブサイト／
https://www.pref.miyagi.jp/soshiki/kikitaisaku/ks-sanzihigai-houkoku.html
○宮城県第四次地震被害想定報告書ウェブサイト／
https://www.pref.miyagi.jp/soshiki/kikitaisaku/ks-yozihigai-top.html
○逐条解説・災害対策基本法／防災行政研究会編集（ぎょうせい）
○気象庁ＨＰ・緊急地震速報の内容／
http://www.data.jma.go.jp/svd/eew/data/nc/rireki/201103.pdf#page=4
○従来の被害想定と東日本大震災の被害／東北地方太平洋沖地震を教訓とした地震・津波対策に関する専門調査会
http://www.bousai.go.jp/kaigirep/chousakai/tohokukyokun/7/pdf/sub6.pdf

○平成24年版科学技術白書・第1節 東日本大震災の影響と対応／文部科学省
http://www.mext.go.jp/b_menu/hakusho/html/hpaa201201/detail/1322695.htm

○東日本大震災における「避難」の諸問題にみる日本の防災対策の陥穽／関谷直也氏
（土木学会論文集Ｆ６（安全問題）Vol. 68、№2、11、２０１２）
https://www.jstage.jst.go.jp/article/jscejsp/68/2/68_I_1/_pdf

○東北地方太平洋沖地震発生から5年／地震調査研究推進本部地震調査委員長 平田 直氏（地震本部ＨＰ）http://www.jishin.go.jp/resource/column/16spr_p2/

○東北地方太平洋沖地震に関連した地震発生 長期予測と津波防災対策／東京大学 島崎邦彦氏（地震 第2輯第65巻（２０１２）１２３－１３４頁）
https://www.jstage.jst.go.jp/article/zisin/65/1/65_123/_pdf

○地震学の今を問う／公益社団法人地震学会（東北地方太平洋沖地震対応臨時委員会編）
http://zisin.jah.jp/pdf/SSJ_final_report.pdf

○首都直下地震の被害想定項目及び手法の概要～人的・物的被害～／中央防災会議首都直下地震対策検討ワーキンググループ
http://www.bousai.go.jp/jishin/syuto/taisaku_wg/pdf/syuto_wg_butsuri.pdf

○志津川町・歌津町 合併経過サイト／南三陸町
http://www.town.minamisanriku.miyagi.jp/index.cfm/10,853,c,html/853/1492.pdf

○志津川町・歌津町合併協定書／南三陸町
http://www.town.minamisanriku.miyagi.jp/index.cfm/10,853,c,html/853/1493.pdf

○南三陸庁舎建設検討に関する報告書／南三陸町
http://www.town.minamisanriku.miyagi.jp/index.cfm/8,646,c,html/646/369.pdf

○南三陸町長の3年・あの日から立ち止まることなく／佐藤仁著（河北新報出版センター）

◆著者略歴

山 村 武 彦（やまむら・たけひこ）
1964年新潟地震のボランティア活動を契機に、防災アドバイザーを志す。世界中の現地調査は250か所以上、その教訓を伝える防災講演は2000回を超える。自治体や企業の防災アドバイザーを務めるなど実践的防災・危機管理対策の第一人者。現在、防災システム研究所所長。
http://www.bo-sai.co.jp/

―主な著書―
『スマート防災―災害から命を守る準備と行動―』（ぎょうせい）
『防災格言―いのちを守る百の戒め―』（ぎょうせい）
『これだけは知っておきたい！山村流「災害・防災用語事典」』（ぎょうせい）
『近助の精神―近くの人が近くの人を助ける防災隣組』（きんざい）
『防災・危機管理の再点検―進化するBCP（事業継続計画）』（きんざい）

南三陸町
屋上の円陣
―防災対策庁舎からの無言の教訓―

平成29年8月1日　第1刷発行
令和 元 年9月5日　第4刷発行

著　者　山 村 武 彦

発行所　株式会社 ぎょうせい

〒136-8575　東京都江東区新木場1-18-11
電話　編集　03-6892-6508
営業　03-6892-6666
フリーコール　0120-953-431

〈検印省略〉　URL：https://gyosei.jp

印刷　ぎょうせいデジタル㈱

ISBN978-4-324-10364-7
(5108353-00-000)
〔略号：屋上の円陣〕